O PODER DE CURA DO LIMÃO

Conceição Trucom

O PODER DE CURA DO LIMÃO

EDIÇÃO REVISTA E AMPLIADA

Copyright © Conceição Trucom, 2021
Copyright © Editora Planeta do Brasil, 2021
Todos os direitos reservados.

Preparação: Fernanda Guerriero
Revisão: Carmen T. S. Costa e Nine Editorial
Diagramação: 3Pontos Apoio Editorial
Capa: Rafael Brum
Imagens de capa: Yaruniv-Studio/Adobe Stock e New Africa/Adobe Stock

Dados Internacionais de Catalogação na Publicação (CIP)
Angélica Ilacqua CRB-8/7057

Trucom, Conceição
   O poder da curo do limão / Conceição Trucom. – São Paulo: Planeta, 2021.
   248 p.

ISBN 978-65-5535-225-2

1. Limão – Uso terapêutico I. Título

20-4167   CDD 615.321

Índices para catálogo sistemático:
1. Limão – Uso terapêutico

2021
Todos os direitos desta edição reservados à
EDITORA PLANETA DO BRASIL LTDA.
Rua Bela Cintra, 986, 4º andar – Consolação
São Paulo – SP CEP 01415-002
www.planetadelivros.com.br
faleconosco@editoraplaneta.com.br

Saúde não se compra, saúde se conquista!

Sumário

Prefácio 11

APRESENTAÇÃO
À nova edição 13

INTRODUÇÃO
O mais benéfico alimento da humanidade 15
Uma fruta absolutamente solar 18

CAPÍTULO 1
Origem do limão, variedades e tendências de consumo 21
Os tipos de limão 23
Qual limão escolher? 26
Produção e consumo 26
A tendência pelo natural 30

CAPÍTULO 2
A riqueza da composição do limão 33
Os principais componentes do limão 34

CAPÍTULO 3
Nosso sangue não pode ser ácido 51
Para entender o organismo 51
Eternamente jovem 53
Que alimentos alcalinizam o sangue? 54
Afinal, que alimentos evitar? 58
Uma curiosidade 59

CAPÍTULO 4
As propriedades medicinais do limão 61
Os efeitos notáveis do limão 64

Como o limão age em certas condições de saúde 67
Uma curiosidade 71

CAPÍTULO 5
Indicações e usos **93**
Qual limão consumir? 94
Tratamentos com o limão de A a Z 95

CAPÍTULO 6
Cuidados com o limão **125**
Formas seguras de consumo do d-Limoneno 125
Reações de desintoxicação 129
Limão causa problemas nos dentes? 130
Excesso de limão faz mal? 131
Devo congelar o limão? 134
Qual a melhor forma de guardar o limão antes
e após seu uso? 134
Perigo: limão com bicarbonato de sódio? 135

CAPÍTULO 7
Terapias com o limão **137**
Terapia do Limão ou citroterapia 137
A Terapia Intensiva do Limão (TIL) 138
A Terapia Leve do Limão 140
O limão na aromaterapia 144
Como funcionam os OEs? 146
O floral do limão 148
Quando é indicado o floral do limão? 149
Preparo do floral do limão 152
O verde-limão na cromoterapia 152

CAPÍTULO 8
As receitas terapêuticas de uso interno **157**
Sucos desintoxicantes 157
Chás desintoxicantes 162
Remédios caseiros 164

SUMÁRIO 9

CAPÍTULO 9
As receitas terapêuticas de uso externo 171
Tratamentos via limão fresco 172
Tratamentos via aromaterapia 177

CAPÍTULO 10
O limão na culinária e no lar 189
Comecemos com uma polêmica – Limão × Vinagre:
qual a diferença? 189
Sobre o vinagre de maçã 193
Esterilizar alimentos 195
Marinar alimentos 196
Prensar e fermentar alimentos 198
Molhos para saladas e legumes 200
Preparo dos cereais e vegetais 203
Lanches e sobremesas 204
Dicas para o lar 214

Para finalizar 219

Epílogo 221

ANEXO
As complicações da automedicação e do consumo de bicarbonatos 223
Mascarando problemas estomacais mais sérios 223
Degeneração cerebral 224
Deficiência de fósforo 225
Intoxicação por alumínio 225
Disbiose intestinal 226
Osteoporose 227
Tratamento da tireoide 228
Hipertensão e cálculos renais 228

Agradecimentos 231

Referências 233

Prefácio

Ao tomar conhecimento deste brilhante trabalho, fiquei imaginando o quanto ele poderia ajudar as pessoas em suas práticas para adotar um estilo de vida saudável.

As cidades estão crescendo e o acesso aos produtos naturais está cada vez mais restrito. Reféns da mídia, nós nos distanciamos da natureza e do natural. Na correria do dia a dia, acreditamos que tais e tais suplementos farão que nos sintamos melhor e que alcancemos a felicidade. São vitaminas, complexos alimentares e tantas fórmulas prontas para comprar ilusões.

Nosso cérebro recebe essas informações passionalmente como verdades para, algum tempo depois, perceber que esses produtos são vãs tentativas de reproduções sintéticas – isoladas – da natureza.

Este livro, mais que informativo, mostra-nos como podemos fazer uso ativo do limão, um alimento absolutamente natural, acessível a todos pelo seu baixo custo e que, como base de receitas saborosas, apresenta elevado benefício à saúde e ao prazer.

Depois desta leitura, não abra mão de consumir limão três vezes ao dia, em vez de pagar pelos caros comprimidos de vitamina C ou qualquer outro suplemento disponível no mercado.

O limão é plantado em quase todo o território nacional, com uma característica muito importante: sua produção está concentrada em pequenos produtores, fixando o homem no campo, distribuindo renda de forma justa, sendo uma das culturas que mais geram empregos por hectare plantado.

Assim, resolvi apoiar e ajudar a divulgar esta obra, pois nela vi um cunho social importantíssimo, sendo nosso dever promover a saúde e defender as causas sociais em prol da saúde em nosso país e no mundo.

Waldyr Promicia
Presidente da Itacitrus

APRESENTAÇÃO

À nova edição

> *"Eu também quero a volta à natureza.*
> *Mas essa volta não significa ir para trás, e sim para a frente."*
>
> FRIEDRICH NIETZSCHE

A conquista de uma saúde plena requer de cada indivíduo sua parcela de busca por informação e autoconhecimento.

Sou consumidora inveterada de frutas, principalmente daquelas que têm um tom ácido em seu sabor. Um dia, curiosa, resolvi pesquisar sobre as qualidades terapêuticas do limão, e o resultado da minha investigação mostrou-se absolutamente fascinante, eternizou-se e gerou este livro. Estas páginas, por sua concepção, gestação e feliz nascimento, fazem de mim um ser privilegiado, e sinto-me imensamente grata ao compartilhá-las com você.

Esta obra é o resultado de muito esforço, com entusiasmo e fé, para levar informações sadias e esclarecedoras sobre a medicina natural, por meio do uso frequente do limão, às pessoas interessadas em uma vida mais integrada com a saúde plena, incluindo a todos e a natureza.

Sinto-me honrada por ter a companhia de tantos seguidores do consumo diário e consciente do limão e, mais ainda, por perceber as pessoas cada dia mais lúcidas e saudáveis, porque questionam sempre mais para aprofundar seus conhecimentos e melhorar suas práticas de alimentação natural, além de higiene pessoal e do lar.

Procurei fazer uso de uma linguagem acessível, prática e objetiva, explicando, por meio de uma visão naturalista, filosófica e científica, por que este condensado de informações sobre o limão é um verdadeiro "guia de medicina caseira". Muitos anos se passaram desde a primeira edição deste livro, publicada em 2004, e mais de meio milhão de exemplares já foram vendidos no Brasil, mas a sensação que tenho é de uma alegria inesgotável como no início, ávida para saber mais, aprender mais e desvendar mais mistérios dessa fruta tão solar e sagrada. O limão continua sendo um verdadeiro leme e norte na minha vida, com muitos aliados e cúmplices conquistados ao longo desta jornada.

Agora, com esta nova edição, revisada e atualizada, sendo publicada pela Editora Planeta – uma das maiores e mais prestigiosas casas editoriais do mundo, que está no Brasil com determinação por fazer a diferença –, sinto que muitas pessoas mais poderão conhecer todos os benefícios e o poder do limão, fruta que está à disposição de todos.

Boa leitura e prática!

INTRODUÇÃO

O mais benéfico alimento da humanidade

Não basta alimentar-se, é fundamental mineralizar-se!

Em um mundo onde os interesses econômicos predominam, muitas vezes sobre a ética e a moral, aquele que não estuda, não pesquisa e não se informa fatalmente está mais vulnerável a doenças, distúrbios e desequilíbrios.

A modernidade nos faz esquecer dos valores da natureza, que, com sua simplicidade, sempre deixa registros de seus reais efeitos positivos para os seres humanos e nos fornece tudo de que precisamos para uma vida equilibrada e saudável. Valorizar o natural é amoroso e sábio. A vida é simples, nós é que a complicamos quando valorizamos prazeres absurdos, grandiosidades e sofisticações.

O limão é um alimento milenarmente enaltecido por suas qualidades. Segundo os ensinamentos da medicina aiurvédica,[1] ele é considerado um grande agente de cura e um dos mais benéficos alimentos conhecidos pela humanidade. Existem mais de 70 variedades dessa fruta, que fica disponível o ano inteiro, e todas as suas partes são adequadas ao consumo humano.

Há muitos séculos, o limão faz parte da sabedoria médica e popular. Uma lenda do norte da Índia conta o seguinte:

---

1 JOHARI, Harish. *Dhanwantari*. São Paulo: Pensamento, 1998.

Pouco antes de se formar, um jovem e talentoso estudante de medicina foi procurado por um médico idoso que vivia em uma aldeia distante. Ele disse ao jovem que desejava aposentar-se e precisava de um assistente para ajudá-lo no momento, mas que também iria treiná-lo para, mais tarde, assumir sua movimentada clínica. O estudante ficou encantado com a oferta e aceitou de pronto, prometendo ir ao seu encontro assim que tivesse o diploma em mãos.

Formado, juntou seus escassos pertences sobre uma carroça puxada a búfalo e iniciou sua jornada para uma nova vida. Enquanto o animal arrastava-se com lentidão pela estradinha rural, o jovem médico fantasiava sobre o futuro que o aguardava: uma clínica estabelecida, bons rendimentos, uma família, um lar, reputação e sucesso. Enfim, um futuro radiante.

Então, ele notou, com o canto dos olhos, uma imagem que o arrancou de seus devaneios: uma mancha verde-clara. Acaso seria...? Sim, era! *Não pode ser!*, pensou o rapaz. *Estou cercado de limoeiros! Isso quer dizer que esta aldeia vive do comércio de limões, e qualquer tolo sabe que onde as pessoas consomem limão não há doenças.*

Seus sonhos de minutos antes se dissolveram na visão daqueles densos e viçosos arbustos verdes, carregados de frutos em amadurecimento. Com a cabeça doendo, punhos e dentes cerrados, e a raiva fazendo-o estremecer, chegou à casa do médico idoso. Esqueceu toda a cortesia e respeito e perguntou:

"O que significa isso?"

O sábio médico, sentado à sombra de uma árvore, olhou-o espantado e replicou:

"Do que exatamente você está falando, meu jovem?"

"Por que o senhor me chamou? O que espera que eu faça aqui? Esta aldeia está cercada de limoeiros. Para que as pessoas daqui precisam de um médico?"

O velho curador estava perplexo.

"O senhor não me entende? Não sabe que, segundo as escrituras védicas, as pessoas que consomem limão nunca ficam doentes? Os shastras [sábios] afirmam que o limão é o remédio

mais perfeito da natureza e que mantém o corpo livre de quase todas as doenças." Acendeu-se um brilho de compreensão nos olhos do velho médico, enquanto ele contemplava o jovem enraivecido. Sorrindo, ele disse: "Não se preocupe, não existe motivo algum para essa sua inquietação."
"Como não? Por que não tenho motivo algum para me preocupar?", perguntou o jovem, perplexo.
"Vivi aqui toda a minha vida, longe das preocupações e privações. O mesmo acontecerá com você. Saiba que as pessoas desta aldeia, por absoluta falta de informação, não consomem limão, mas somente as suas sementes!"[2]

Destaco dois pontos nessa história:

♦ Ignorar o simples e natural é, infelizmente, um estado comum da humanidade, que perpetua as doenças, a ilusão e as falsas expectativas de que o sofisticado tem maior poder de cura. A sociedade moderna valoriza desmedidamente a tecnologia, esquecendo que a natureza é simples, companheira e cúmplice todo o tempo!

♦ A melhor prática da medicina é a preventiva. Infelizmente, sempre haverá profissionais que valorizam a doença como meio de sobrevivência. Estar vulnerável a esse tipo de postura é sempre um risco quando ignoramos as formas naturais de conquista e manutenção da saúde. Portanto, a busca da informação é fundamental.

O limão é, verdadeiramente, uma joia da natureza. Pode ser considerado o rei das frutas curativas, uma fruta solar, e é impressionante a quantidade e variedade das suas aplicações. Suas propriedades são múltiplas e revelam um enorme poder de prevenir e curar doenças. Até no Ocidente seu uso terapêutico já faz parte da sabedoria médica e popular dos últimos séculos. Sua utilização interna é um estimulante do processo digestivo

---

2 Ibidem.

e de assimilação mineral; acalma, refresca, equilibra, fluidifica, dissolve cristais e tumores, nutre, depura, desintoxica e fortalece todo o organismo humano. Externamente, trata, limpa, desinfeta, clarifica, relaxa e alegra.

No entanto, tendemos a repudiar o limão quando pensamos em seu sabor "azedo"; minimizamos, portanto, as suas virtudes na manutenção e recuperação da saúde, bem como seu valor nutricional, apesar de seu frequente uso culinário. Isso se deve pela suposição de que ele é agressivo para o estômago, que pode acidificar o sangue e até "afiná-lo" demais, segundo a crença popular. Na verdade, seu suco fresco, quando puro ou integrado a outros vegetais crus e frescos, atua como uma verdadeira "bílis vegetal", tornando-se um dos maiores aliados de uma digestão eficiente.

Apesar do sabor ácido, o limão exerce poderosa ação alcalinizante e mineralizante no organismo, muito benéfica e rápida, ativada imediatamente após o seu consumo adequado. Felizmente, apesar das falsas premissas, o limão é a fruta mais conhecida e usada em todo o mundo, ainda que seja apenas como um inigualável tempero ou uma bebida refrescante.

Uma fruta absolutamente solar

Curiosamente, o limão é a fruta que mais depende da fotossíntese para sua perfeita maturação e fartura em suco. De todas as frutas e alimentos de origem vegetal, portanto, é o que mais armazena energia solar. Luz e prana (energia cósmica) são concentrados nessa fruta tão popular, acessível a todos, principalmente a nós, brasileiros, que vivemos em um país tropical e tão ensolarado.

E, para quem reside em locais mais frios e carentes de sol, o limão é o reservatório de luz mais fácil de ser acessado. Talvez isso explique por que o consumo *per capita* de limão dos europeus, que contam com menos dias por ano de sol, é praticamente o dobro do dos brasileiros.

No Brasil, o consumo de limão por habitante cresceu nas últimas décadas (algo estimado em torno de 300%), mas esse número ainda é mais baixo em relação aos europeus, que em média consomem 14 quilos por ano por habitante, embora os limões brasileiros apresentem menor peso de casca (e maior peso de suco), exatamente porque temos mais dias de sol por ano.

> Consumo *per capita* estimado no Brasil: total produzido – total exportado:
> Em 2000 – 2,4 kg por ano = 4 limões/mês/habitante
> Em 2018 – 7,2 kg por ano = 12 limões/mês/habitante

O simples ato de ingerir suco fresco de limão equivale a colocar um *quantum* de sol dentro de nós, iluminando nosso interior: cada célula, cada recanto e encanto, cada sombra, cada impureza do organismo.

Considerando o ácido cítrico e seu poder mineralizante, alcalinizante e facilitador da respiração celular, temos motivos de sobra para que o limão esteja no topo da lista dos alimentos que favorecem a vida, o bom humor, o bom astral, a lucidez, a clareza, a verdade, a vitalidade, a fecundidade (de ideias, visões, gestação...) e a memória. O limão nos ilumina! É uma fruta solar e sagrada, que nos torna mais leves, belos e saudáveis!

Neste livro, vou mostrar por que tudo do limão é aproveitável, com explicações e receitas especiais que alimentam e curam, sejam elas de uso interno (para consumo alimentar), ou externo (para uso tópico), como uma farmácia viva e cosmética natural. Vou explicar também as falsas notícias que circulam, todos os dias, nas mídias sociais.

Apresentarei inúmeras receitas vegetarianas, como fantásticos sucos desintoxicantes e molhos exóticos para acompanhar os mais variados pratos, além de sugestões inéditas de preparo do arroz e do feijão nosso de cada dia. Receitas saudáveis de estética e beleza também não poderiam faltar.

Vamos conhecer as principais variedades dos limões produzidos no Brasil e a força de sua composição nutricional. Em uma rápida viagem pelo mundo da química e da nutrição, vamos entender por que esse alimento possui tão elevado poder de cura.

A proposta deste livro, entre outras, é servir como um guia de consulta de terapêutica caseira, no qual, em uma dinâmica de A a Z, são abordadas todas as enfermidades que o limão pode prevenir, tratar e possivelmente curar. A famosa *Terapia do Limão* é abordada com detalhes, e eu incluí várias sugestões para a sua prática moderada, agradável, responsável e segura. Dediquei um espaço para esclarecer dúvidas que todos têm, como:

♦ Quais as reais vantagens do uso do limão em comparação ao vinagre?
♦ Quais cuidados devemos tomar com o limão?

O tema da aromaterapia também ocupa um grande espaço, pois da casca do limão retira-se uma essência aromática, seu óleo essencial (OE), um recurso poderoso para tratar o físico, o emocional, o mental e o espiritual. Das flores do limoeiro, a parte mais sutil dessa planta, prepara-se o floral do limão, que possui elevado poder terapêutico, principalmente quando nos provoca o contato com a alegria de viver.

Finalmente, abordo na cromoterapia – técnica terapêutica de cura por meio de estímulos visuais – a cor verde e, particularmente, a cor verde-limão, pelo seu destaque em tratamentos de digestão, estrutura óssea, problemas cardiovasculares, equilíbrio emocional, destruição de tumores e muito mais.

São muitas as informações, as respostas e as surpresas que este livro traz.

Espero que goste!

CAPÍTULO 1

Origem do limão, variedades e tendências de consumo

*Somente quando todas as células respirarem,
INSPIRAR será possível.*

Limão vem do árabe *laimun* ou *limun*, que significa "fruta cítrica". Daí todas as frutas cítricas serem parentes etimológicas do limão. Isso mesmo, ele é o pai de todos os cítricos! Milenares, a maioria das frutas cítricas tem origem na Ásia, em regiões compreendidas entre a Índia e o sudeste do Himalaia. Lá ainda é possível encontrar variedades silvestres – primitivas – de limoeiros, que, no início, eram um simples arbusto que se espalhava espontaneamente pelo Sudeste asiático (há registros de sua presença na China em 1900 a.C.).

Existem diferentes versões sobre a forma como o limão tornou-se conhecido na Europa. Alguns dizem que ele foi levado pelos muçulmanos entre os séculos VII e IX, durante o período em que ocuparam grande parte do continente europeu; a partir daí, então, sua difusão foi muito rápida. No entanto, existem relatos de que os romanos já conheciam o limão, usando-o como medicamento, mesmo antes de a fruta ser trazida pelos árabes. Outros afirmam que ele só foi introduzido na Europa com as primeiras navegações dos romanos em direção às Índias Orientais.

De qualquer forma, na América do Sul, o limão-siciliano chegou acompanhado dos primeiros conquistadores portugueses e espanhóis, no século XVI.

Uma curiosidade é que a lima ácida "Tahiti" (*Citrus latifolia*), famosa entre os consumidores brasileiros como limão-taiti, é tida como uma das preciosidades da citricultura. Originária na Califórnia, Estados Unidos, onde brotou derivada de sementes de limão trazidas do Taiti, por volta de 1870, quando então foi introduzida no Brasil, tem se tornado cada vez mais importante na citricultura brasileira, com elevada demanda para exportação, além de abastecer o mercado interno (BARROS et al., 1991).

Hoje, o Brasil é o quinto maior produtor mundial de limão e o segundo maior produtor mundial da variedade Taiti, que é uma fruta híbrida, resultante de uma enxertia da lima-da-pérsia sobre o limão-cravo (o que explica a variedade cravo ser conhecida também como "limão-cavalo"), motivo pelo qual não apresenta sementes. Por ser um híbrido, muitos não consideram o limão-taiti um limão, mas o denominam de "lima ácida", tanto que, em inglês, essa variedade chama-se *lime*, enquanto o limão-siciliano é denominado *lemon*. Na minha opinião, porém, o limão-taiti é tão terapêutico quanto qualquer outra variedade.

Em geral, todas as variedades do limão apresentam aspectos básicos semelhantes, diferindo na cor, no tamanho, na forma e na textura da casca – que pode ser desde lisa e fina, como no limão-galego, até muito enrugada e grossa, como no limão--siciliano. Quanto mais fina a casca, maior a intensidade de solarização da fruta. Ou seja, frutas típicas de climas frios compensam as taxas mais baixas de sol/dia com a espessura de sua casca. As cores variam do verde-escuro do limão-taiti ao amarelo-claro do limão-siciliano e do galego, passando pelo laranja do limão-cravo.

No Brasil, somos privilegiados: em todo o país, o limão é uma fruta fácil de ser encontrada, produzida durante todo o ano, nas suas diversas variedades, embora seja mais produtiva de dezembro a maio.

O limoeiro é adaptado às regiões de clima subtropical com temperatura média anual inferior a 20 °C. Em locais cuja amplitude térmica entre os meses mais frios e quentes do ano se mantém em torno de 7 °C, apresenta florescimentos consecutivos, o que possibilita a colheita durante praticamente o ano todo. Quanto maior essa amplitude, mais concentrada será a produção nos meses de outono e inverno.

TABELA 1 — Safras de limas ácidas e limão de janeiro a dezembro

Épocas de colheita dos frutos das principais variedades de limas ácidas e limão.

Variedade	Jan.	Fev.	Mar.	Abr.	Mai.	Jun.	Jul.	Ago.	Set.	Out.	Nov.	Dez.
Siciliano	▒	▒	▒	▒	■	■	■	■	■			■
Galego	■	■	■	■	■	■	▒	▒	▒	▒	▒	■
Taiti	■	■	■	■	■	■	▒	▒	▒	▒	▒	■
Cravo	■	■	■	■	■	■	▒	▒	▒	▒	▒	■

■ Épocas principais de colheita.

▒ Épocas de colheita menores.

Fonte: Adaptado da Figueiredo (1991) e Doce Limão (2020).

Os tipos de limão

Existem cerca de 70 variedades de limão em todo o mundo, porém as mais conhecidas pelos brasileiros são as apresentadas a seguir.

Limão-taiti (*Citrus latifolia*)

Aqui no Brasil é um híbrido da lima-da-pérsia com um limão rústico. O limão-taiti pertence a um grupo de citros chamado limas ácidas. É conhecido como *limon persa* no México, *bearss lime* na Califórnia, *tahiti lime* na Flórida e lima ácida *"de fruto grueso"* na Espanha. Na verdade, não existem variedades de lima ácida Taiti, mas, sim, clones dela.

Fruta robusta, de formato arredondado, casca lisa ou ligeiramente rugosa, de coloração verde, sua polpa é verde-clara, muito suculenta, cujo sabor é menos ácido. As sementes são ausentes nesta variedade (um grande atrativo para muitos), porque a planta propaga-se por enxertia, tendo como base no Brasil o limão-cravo.

Mais adaptada ao clima tropical, essa planta necessita de muito sol e umidade controlada para gerar frutas suculentas e graúdas. Devido à sua robustez, é uma variedade que praticamente não necessita de agrotóxicos. Forte e saudável, mesmo cercado pela cultura da laranja (muito propensa às pragas), o limão-taiti não se contamina, distribui ou dissemina pragas. Tal característica, juntamente à ausência de sementes, torna-o mais adequado econômica e comercialmente ao consumo *in natura*.

É o limão de maior valor comercial no Brasil, tendo excelente potencial de exportação. Seu valor de mercado está relacionado à ausência de sementes, bem como a cor e aroma exóticos, além da capacidade de dar frutos o ano inteiro, apesar de ser mais produtivo de dezembro a maio.

Limão-siciliano (*Citrus limon*)

É o limão considerado "verdadeiro", digamos, ou seja, o limão original. No entanto, apesar de os limões da espécie *Citrus limon* serem conhecidos, em nosso país, o termo "siciliano" acaba englobando uma série de seleções ainda não classificadas dentro das demais variedades de limão cultivadas no Brasil. A sinonímia siciliano utilizada por aqui é uma alusão à origem das primeiras sementes de limão introduzidas no país, já que estas, possivelmente, vieram da Sicília, na Itália.

Seu formato é maior e mais alongado, com duas extremidades proeminentes. Típico de clima temperado (verões brandos), na falta de sol, apresenta casca grossa, amarela, abundante e levemente rugosa; portanto, é uma fruta menos suculenta. É uma variedade bem apropriada – pelo seu elevado percentual de casca – para a fabricação do óleo essencial (OE) de limão, da fibra hidrossolúvel conhecida como pectina e da farinha de limão.

Seu cultivo é abundante, basicamente, em áreas de climas mais frios ou subtropicais, motivo pelo qual é bastante produzido e consumido na Europa, assim como nos países andinos da América Latina. Entretanto, não são tão facilmente encontrados no Brasil e nas regiões tropicais do mundo. Seu consumo por aqui é menor devido à sua inadequação ao nosso clima tropical; portanto, a safra é pequena e o custo é mais elevado, contudo ganha notoriedade quando seu período de safra é exatamente quando as demais variedades estão em baixa.

Limão-galego (*Citrus aurantifolia*)

É uma fruta redonda, pequena e muito suculenta. Apresenta casca fina e lisa, de cor verde ou amarelo-clara. Sua polpa tem de 5 a 6 sementes e é rica em suco de sabor ácido, porém agradável.

Bastante comum nos quintais das regiões Nordeste e Centro-Oeste do Brasil, onde a produtividade de frutas por pé é exuberante, a planta é de porte médio e produz muito o ano inteiro. Até recentemente, era um limão muito popular, mas seu consumo vem sendo substituído pelo do limão-taiti.

Limão-cravo (*Citrus limonia*)

É uma variedade bem rústica, motivo pelo qual é conhecida por vários nomes regionais: limão-rosa, limão-capeta, limão-vinagre, limão-bergamota, limão-cavalo, limão-limpa-tacho, entre outros. Disseminado pelos passarinhos, é comum ser encontrado no campo e em quintais do interior brasileiro, porém raro nas grandes cidades. É parecido com uma tangerina poncã, por ter a casca levemente solta da polpa, além de casca e polpa laranja-avermelhadas. Tem sabor e aroma bem característicos, muitas sementes e suco ácido, apesar de ser a variedade com maior teor de frutose.

Tem sido usado com sucesso no Brasil como porte (cavalo) para o enxerto do limão-taiti. Cientistas começam a estudar o óleo essencial (OE) extraído da casca desse limão, que, até o momento, apresenta propriedades terapêuticas acima da média, quando comparado aos OEs do siciliano e do Taiti.

Assista ao vídeo *Que limão é esse?*, que apresenta, de forma bem divertida, os vários nomes Brasil afora do limão-cravo.

https://www.docelimao.com.br/site/limao/conceito/1405-que-limao-e-esse.html

Qual limão escolher?

Uma vez que todas as variedades de limão contêm entre 5% e 7% de ácido cítrico em seu suco fresco, todas podem ser consumidas ou usadas no preparo de alimentos e produtos terapêuticos. A melhor dica é a compra e o consumo daquela variedade que está na safra, abundante, fresca e barata. A natureza nos oferta o que está pronto e próspero!

No Brasil, é raro o uso de agrotóxicos nos limões. Quando utilizados, são de baixa toxicidade e por curto período. Em geral, diferentemente das culturas de outros cítricos, como laranjas e tangerinas, os limões são praticamente orgânicos, embora nem sempre certificados. Se os limões apresentam tão elevado teor de ácido cítrico – portanto, poder alcalinizante e bactericida –, nada mais natural que assim seja.

Produção e consumo

A citricultura no Brasil tem avançado em técnicas de propagação, seleção de enxertos e porta-enxertos, caracterização e certificação genéticas padrão de tamanho de árvores, práticas culturais como irrigação e fertilização para a produção de materiais de propagação de citros e viveiros, árvores e ferramentas de gerenciamento de viveiros (CARVALHO, 2019), garantindo e aumentando a competitividade no mercado cítrico.

O nosso país é a segunda nação que mais cresceu em produção de limão em dez anos. Em 2016, os cinco maiores produtores de limão de todas as variedades do mundo eram México, Índia, China, Argentina e Brasil (MOITINHO, 2016), apresentando variação em termos de:

- área colhida, com aumento de 6%;
- produção, com aumento de 27%;
- produtividade, com aumento de 20%.

Em 2017, os principais estados produtores de limão em relação à produção, à área colhida e à produtividade eram São Paulo, Bahia e Minas Gerais, todos os três se destacando respectivamente. O estado da Bahia, por sua vez, ganhou maior participação em 2018 (CEPEA *apud* IBGE, 2018).

TABELA 2 Avaliação dos cinco maiores produtores mundiais – colheitas 2007 a 2017

País	Produção em toneladas			
	2007	2013	2017	Variação 2017x2007
Índia	2.310.200	2.523.500	2.364.000	2%
México	1.935.909	2.138.737	2.528.174	31%
China	3.650.000	2.014.000	2.316.876	-37%
Argentina	1.400.000	1.485.963	1.676.000	20%
Brasil	1.018.703	1.169.370	1.292.798	27%

Fonte: FAO.

TABELA 3 Avaliação dos cinco maiores produtores mundiais – produtividade 2007 a 2017

País	Produtividade em toneladas			
	2007	2013	2017	Variação 2017x2007
Índia	8	10	10	22%
México	13	14	15	10%
China	59	21	23	-61%
Argentina	25	36	31	23%
Brasil	22	26	27	20%

Fonte: FAO.

A tendência é o aumento de produtividade no estado da Bahia e no Vale do São Francisco, basicamente pela proximidade e facilidades de exportação oferecidas para os países europeus. Em 2018, o Brasil apresentou uma área de plantação de limão com aumento de 39,8% em relação a 2015, em que 90% foi de limão-taiti e 9% de limão-siciliano (CEPEA, 2018).

Para quem trabalha com foco na exportação, a certificação está se tornando obrigatória; aos que trabalham para abastecer o mercado interno, a certificação é um diferencial competitivo. A certificação orgânica, por exemplo, é importante passo para a sustentabilidade, mas, em 2014, era inferior a 6% da área total certificada no Brasil (TURRA *et al.*, 2014).

A bioeconomia pode se desdobrar nos próximos anos (CIRIMINNA *et al.*, 2020), com consequências positivas – tanto sociais quanto ambientais e econômicas – para muitas indústrias e países em crescimento, e isso vem se destacando na economia de limões, que traz como subprodutos valiosos bioprodutos e numerosos fitoquímicos, incluindo biofenóis, terpenos, ácido cítrico e taninos (KLIMEK-SZCZYKUTOWICZ; SZOPA; EKIERT, 2020).

De fato, dentro da família dos citros, a demanda do mercado de limões está crescendo numa taxa diferenciada, provocando aumentos rápidos da área plantada de limões. Por exemplo, na Europa Ocidental, a área plantada total aumentou em 14,7% de 2013 para 2019 (UNITED STATES DEPARTMENT OF AGRICULTURE, 2019). A previsão de vendas de limão no varejo no Brasil deverá alcançar, em 2020, média de 92 milhões de reais e média de crescimento de 6,5% até 2023. Os consumidores estão buscando cada vez mais por frutas *in natura*, o que pode aumentar as vendas no varejo em até 12% (CEPEA, 2018).

| TABELA 4 | Produção limão (tonelada) no estado de São Paulo |

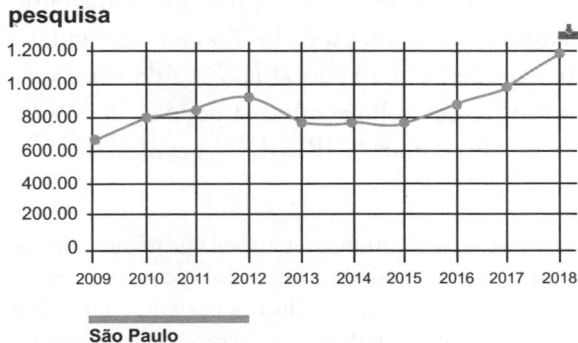

Fonte: IBGE com dados de São Paulo.

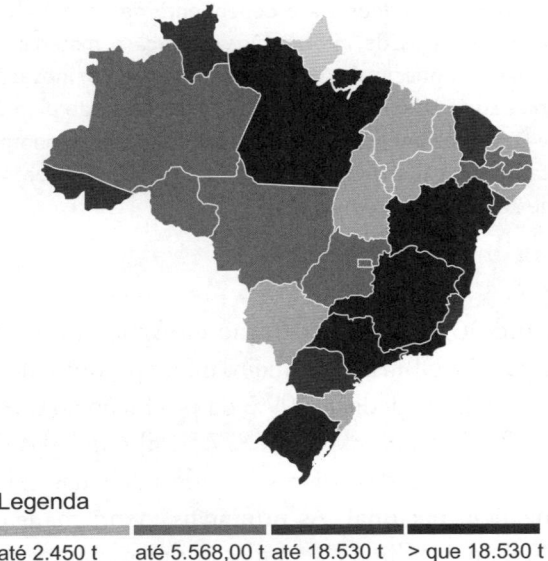

Legenda
até 2.450 t   até 5.568,00 t   até 18.530 t   > que 18.530 t

| FIGURA 1 | Quantidade de limão produzido em 2017. Estados brasileiros. Fonte: IBGE. |

A tendência pelo natural

As megatendências por produtos naturais e saudáveis – sejam alimentos, bebidas, cosméticos e produtos nutracêuticos, seja para cuidados pessoais ou cuidados do lar – aumentaram a demanda por limões. Uma visão atualizada da economia global do limão mostra que a bioeconomia pode se desdobrar no decorrer dos próximos anos (CIRIMINNA *et al.*, 2020).

> Bioeconomia é uma economia sustentável que reúne todos os setores econômicos que utilizam recursos biológicos (seres vivos). Esse mercado destina-se a oferecer soluções coerentes, eficazes e concretas para os grandes desafios sociais, como a crise econômica, as mudanças climáticas, a substituição de recursos fósseis, a segurança alimentar e a saúde da população.
>
> Essa atividade econômica é dependente de pesquisa em biociências, tecnologias de informação, robótica e materiais, e visa transformar o conhecimento e novas tecnologias em inovação para indústria e sociedade. Segundo dados da Organização para Cooperação e Desenvolvimento Econômico (OECD), a bioeconomia movimenta no mercado mundial cerca de 2 trilhões de euros e gera cerca de 22 milhões de empregos.

De acordo com a Confederação da Agricultura e Pecuária do Brasil (CNA), o Brasil é o terceiro maior produtor de frutas do mundo e, até 2018, dedicava 99% da produção ao mercado interno. Em 2018, o país exportou 877,5 mil toneladas de frutas, *in natura* e processadas, representando 0,9% das exportações do agronegócio nacional. As principais foram manga, melão, abacaxi, melancia e limão, seguidas por uva, mamão e abacate, segundo a Abrafrutas (março de 2019).

Segundo estudo do IBGE "Análise do Consumo Alimentar Pessoal no Brasil" da Pesquisa de Orçamentos Familiares (POF) 2008-2009, o consumo alimentar da população brasileira combina a tradicional dieta à base de arroz e feijão com alimentos com poucos nutrientes e muitas calorias. A ingestão diária de frutas, legumes e verduras está abaixo dos níveis recomendados pelo Ministério da Saúde (ideal: = ou > que 400 gramas/dia/habitante adulto) para mais de 90% da população. Ao analisarmos o consumo de alimentos saudáveis entre as gerações, no entanto, veremos que há notáveis mudanças comportamentais, principalmente da fatia da população nascida a partir do final do século XX, os chamados Millennials ou Geração Y, e a Geração Z, que atualmente representa uma parte considerável dos brasileiros, que vêm envelhecendo em termos de população.

Divisão etária e geracional no Brasil		
Baby Boomers (nascidos entre 1946 e 1964)	15%	32 milhões de hab.
Geração X (nascidos entre 1965 e 1980)	22%	46 milhões de hab.
Geração Y ou Millennials (nascidos entre 1981 e 1998)	32%	67 milhões de hab.
Geração Z (nascidos entre 1999 e 2010)	15%	32 milhões de hab.
Geração Alfa (nascidos de 2010 em diante)	12%	25 milhões de hab.

Fonte: IBGE.

Para as Gerações Y e Z, ser saudável é vital e "sexy". Comer bem, se alimentar com qualidade e saber a procedência dos alimentos passa a ser um valor, e isso tem enorme importância no mercado de alimentos, porque, combinadas, essas gerações representam uma parcela importante da população: nos Estados Unidos, são 27% dos habitantes; na Europa, são 24%; no Brasil, quase metade dos habitantes, ou seja, 47%. Segundo o SIAL Paris de 2018 e a Health & Food Focus, essas gerações são responsáveis pelo controle e uso prático dos principais modos de comunicação e, nas redes sociais, principalmente, impuseram sua visão de mundo por todo o planeta, ressaltando suas crenças e valores, tais como:

- preferência pelo caseiro e artesanal;
- valorização do sabor verdadeiro dos alimentos;
- importância das experiências e indulgências;
- relevância da saúde.

Segundo o Centro de Estudos Avançados em Economia Aplicada, o CEPEA (2018), da Esalq-USP:

- O consumidor atual está mais informado, tem maior acesso aos conhecimentos.
- As novidades no mercado de alimentos concorrem pela atenção desse consumidor.
- A tecnologia facilita cada vez mais a compra de alimentos saudáveis.

O consumidor atual busca, compara, pesquisa, pede opiniões e só depois de tudo isso adquire o produto. Além disso, cada vez mais, a demanda é personalizada. Diante disso, sabemos que o limão é um alimento popular e nunca sai da cena. De maneira eclética, ele se encaixa muito bem nas escolhas vegetarianas, veganas e onívoras. Faz parte do cardápio de todas as classes sociais, e está presente até na tendência pelo retorno dos limoeiros nos quintais das casas e projetos de urbanização.

Dos quase 30 milhões de pessoas que se declararam vegetarianas no Brasil, dado que representa um crescimento histórico, segundo a Sociedade Vegetariana Brasileira até 2018, o número de vegetarianos aumentou 75% nas regiões metropolitanas do país em relação a 2012. Desses, 55% consumiriam mais produtos veganos se essa informação viesse escrita na embalagem dos alimentos.

O limão é, inegavelmente, um superalimento, tornando-se cada dia mais desejado em todos os tipos de dieta saudável, e cada vez mais recomendado pelos profissionais da saúde, bem-estar e esportes.

CAPÍTULO 2

A riqueza da composição do limão

*O vivo só pode ser CRIATIVO
de forma construtiva em ambiente alcalino.*

O limoeiro é um arbusto que pertence à família das rutáceas, com ramos cheios de espinhos, chegando a atingir de 4 a 5 metros de altura. São plantas perenes com vida produtiva por dez até dezoito anos.

As frutas costumam conter farto suco com grande quantidade de ácido cítrico, traços de ácido málico e muitos sais minerais. Possui discreto, mas valioso teor de vitamina C, além de outras vitaminas importantes como a P (citrinas e rutinas) e as do complexo B. Suas fibras são especiais e fartas, representadas pela pectina na entrecasca. Poderes terapêuticos como os óleos essenciais e antioxidantes encontram-se em fartura nas suas cascas.

Entre todas as frutas conhecidas e disponíveis na natureza, é o que apresenta o mais elevado índice de radioatividade natural e benéfica (85%), sendo seguido pela uva-moscatel-ácida e pelo ananás (74%).

Na verdade, todas as frutas podem ser consideradas fantásticos reservatórios de energia solar, devido ao tempo que passam expostas ao sol durante o amadurecimento; ou seja, a melhor fruta é aquela colhida no momento certo de maturação. O limão é o maior reservatório de energia solar: quando bebemos seu suco (o ideal é consumir todos os dias), estamos colocando um pedacinho de sol – muito prana – dentro de nós. Ou seja, nós nos iluminamos interiormente.

Existem, entre rústicos e híbridos, cerca de 70 variedades de limão. Todas são portadoras de elevadas concentrações de ácido cítrico e outras substâncias nutracêuticas, fundamentais para mobilizar o metabolismo humano de diversas formas.

Alimentos funcionais são aqueles ricos em agentes nutracêuticos, moléculas que nutrem e ao mesmo tempo apresentam ação farmacológica. Hoje em dia, fala-se muito sobre eles e consome-se muitos suplementos minerais e vitamínicos, para suprir as deficiências alimentares, em vez de adotar-se uma alimentação biodiversa e integral. Essas fórmulas são industrializadas, obtidas por misturas sintéticas de vários dos componentes descritos a seguir, em proporções sugeridas por cientistas e profissionais da saúde.

Entretanto, existe enorme diferença de absorção e resultados entre o consumo do alimento fresco e natural e esses suplementos. É fato que um comprimido efervescente de 500 mg de vitamina C jamais substitui o consumo de dois limões diários, pois, junto à vitamina C totalmente ativa (viva) do limão, existem os demais componentes (também ativos), que funcionam de forma integrada (em sinergia) no aproveitamento e benefícios. Nas pílulas falta essa "vitalidade", ou "alquimia", que os cientistas não conseguem sintetizar.

Mas o leitor sabe qual é o melhor suplemento mineral do mundo, criado pela medicina mais antiga do planeta? Algo bem singelo e acessível a todos: meio copo de água potável morna + suco fresco de um limão médio e maduro + uma pitada de sal integral, que contém mais de 80 minerais. A essa beberagem milenar dou o nome de Centrum da Terra.

Os principais componentes do limão

A composição química e as propriedades do limão – nas suas inúmeras variedades – costumam ser abordadas pela literatura nacional e internacional de forma bem simplificada. No entanto, conforme toda a proposta deste livro, faço aqui uma apreciação mais profunda e informativa de seus principais componentes.

TABELA 5 Principais características das variedades de limões de valor comercial

Limas ácidas e limão	Origem	Sementes/fruto nº	Massa média g	Teor suco %	°Brix	Acidez %	Ratio[b]	Destino dos Frutos[c]
Siciliano	Desconhecida	10	95	95	8,5	5,3	1,5	MI - E - S
Galego	Índia	5-6	35	35	9,7	6,5	1,5	MI - S
Taiti	Índia	0	70	70	9,0	6,0	1,5	MI - E - S

a = total de sólidos contido no suco (ácido cítrico, ácido málico + açúcares)
b = razão sólidos solúveis (°Brix) / acidez
c = MI = mercado interno, S = suco, E = exportação

Fonte: Adaptado da Figueiredo (1991) e Doce Limão (2020).

O limão apresenta características botânicas e químicas, além de propriedades farmacológicas, alimentícias e cosmetológicas, devido ao alto teor de compostos fenólicos e flavonoides – por exemplo, diosmina, hesperidina, citrinas e ácidos fenólicos, como ácidos ferúlico, sinápico, p-hidroxibenzoico (KLIMEK-SZCZYKUTOWICZ; SZOPA; EKIERT, 2020). Possui propriedades antimicrobianas (OHNO *et al.*, 2017), antiaflatoxinas, antioxidantes (PRAKASH *et al.*, 2012) e antidiabéticas (ROCAMORA *et al.*, 2020). Da casca de limão é possível extrair pectina, fibra de especial propriedade para espessar receitas como geleias e cremes – subproduto da indústria dos sucos de extremo valor para a indústria alimentícia e farmacêutica. Também das cascas são extraídos por prensagem os óleos essenciais (*Citrus latifolia*, no caso do taiti, e *Citrus limonum*, no caso do siciliano), matéria-prima indispensável das aromaterapias, bastante ativos no combate a fungos, problemas circulatórios e respiratórios. Tais óleos essenciais são ricos em monoterpenoides bioativos como d-limoneno, β-pineno, gama-terpineno.

♦ Outro importante antibacteriano presente nas cascas dos limões é o linalool (HERMAN *et al.*, 2015), biopesticida natural (FENG, 2020) que se mostrou eficiente na inibição de crescimento bacteriano em alimentos (Hsouna *et al.*, 2017), utilizado em atividades terapêuticas de ação anti-inflamatória, antimicrobiana, anticâncer e antiparasitária (KLIMEK-SZCZYKUTOWICZ; SZOPA; EKIERT, 2020).

Na indústria de sucos, as sementes de limão são consideradas subproduto de valor relevante, por se tratar de fonte potencial de compostos bioativos, como fenóis e outros antioxidantes (FALCINELLI *et al.*, 2020).

TABELA 6	Nutrientes em 100 gramas de suco fresco de limão (média das diferentes variedades)
Nutriente	**Quantidade em 100 g de suco fresco limão**
Calorias	44,6 kcal
Água	89,4 g
Carboidratos	8,5 g
Proteínas	1 g
Lipídios	0,7 g
Cinzas	0,4 g
Ácido cítrico	5-7 g
Vitamina A	5 mg
Vitamina B1 (tiamina)	55 µg (3%)
Vitamina B2 (riboflavina)	60 µg (2%)
Vitamina B3 (niacina)	0,3 mg (3%)
Vitamina B5 (ác. pantotênico)	0,2 mg (4%)
Vitamina B6	80 µg (6%)
Vitamina B9 (ác. fólico)	15 µg (3%)
Vitamina C (ác. ascórbico)	50 mg (60%)

(continua)

TABELA 6	Nutrientes em 100 gramas de suco fresco de limão (média das diferentes variedades) (*continuação*)
Nutriente	**Quantidade em 100 g de suco fresco limão**
Potássio	127 mg
Cálcio	100 mg
Fósforo	21 mg
Sódio	9 mg
Ferro	0,7 mg
Zinco	60 µg

Ácido cítrico

O limão é a mais cítrica de todas as frutas da sua família, pois seu teor de ácido cítrico é disparadamente superior ao de seus parentes: laranjas, tangerinas e toranjas (*grapefruit*). No suco do limão o ácido cítrico está presente numa concentração que varia de 5% a 7%, dependendo da diversidade e maturidade da fruta, das condições de cultivo e da estação do ano, entre outros fatores.

O suco costuma conter cerca de 1% de ácido na forma de sal, o citrato de potássio; o restante encontra-se na forma ácida, ativa para complexar cátions e formar seus citratos, normalmente sais levemente alcalinos. Ou seja, o ideal é consumir o limão integrado a alimentos ricos em minerais, como raízes, sementes, folhas e frutas, quando haverá rápida e eficiente mineralização e alcalinização do metabolismo a partir dos vários citratos formados.

Todas as frutas cítricas, como a própria denominação indica, são ricas nesse ácido, mas o limão é a única que consegue alcançar níveis de até 7%. É importante saber que laranjas, tangerinas e toranjas, apesar de serem também frutas cítricas, costumam conter entre 0,6% e 1% de ácido cítrico na composição de sucos puros e frescos.

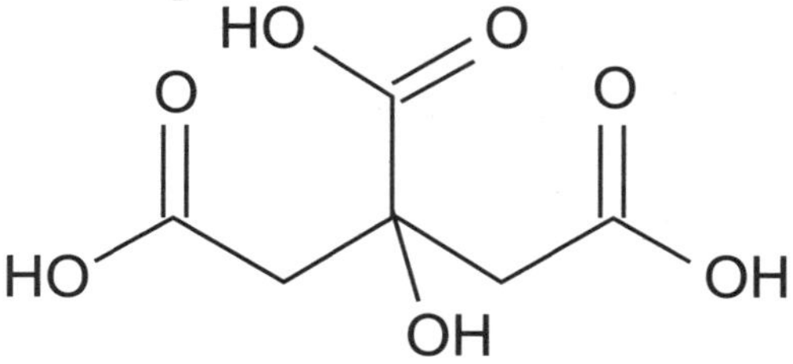

FIGURA 2   Molécula do ácido cítrico.

A molécula do ácido cítrico é um ácido orgânico presente na maioria das frutas, sobretudo nas cítricas. Sua fórmula química é $C_6H_8O_7$. Observe que a molécula do ácido cítrico tem uma cadeia curta de somente 3 carbonos, comprimida por 3 volumosos grupos carboxila (-COOH). Ou seja, trata-se de um ácido tricarboxílico e tal configuração lhe confere importantes características:

- poder complexante, ou seja, facilidade de fixação de cátions como cálcio, ferro, potássio e magnésio – propriedade que lhe outorga a função de um ativo agente mineralizante;
- poder tamponante, isto é, agente de estabilização do pH de meios aquosos, sendo ele o principal agente de leve alcalinização do metabolismo orgânico de humanos e animais (ver Capítulo 3);
- participação no Ciclo de Krebs,[3] quando exerce papel fundamental na respiração celular e na geração da energia humana.

---

[3] Ciclo de Krebs, ciclo do ácido cítrico ou ciclo dos ácidos tricarboxílicos é uma rota metabólica, ou seja, uma sequência de reações químicas responsáveis pela respiração celular de todas as células aeróbicas e pela geração energética a partir da "digestão oxidativa" de carboidratos, gorduras (ácidos graxos) e proteínas (aminoácidos).

Em síntese, esse ácido age rapidamente na estabilização do pH dos líquidos corporais, na eletroquímica (comunicação celular) do cérebro e de todo o organismo, no sistema de formação e manutenção óssea, na respiração celular e em toda a geração de energia do organismo humano.

É o ácido cítrico, encontrado em elevada concentração no limão, o principal responsável pelo sabor ácido do suco da fruta. No entanto, tudo que o ácido cítrico mais naturalmente quer é se transformar em citratos, sais que geram meios alcalinizantes e tamponados.

O limão também contém cerca de 1% de ácido málico, molécula com 2 carboxilas, que conferem igual sabor ácido, mas não têm potência de tamponamento como as 3 carboxilas do ácido cítrico, embora se transforme rapidamente em malatos diante da presença de cátions como ferro, potássio e magnésio.

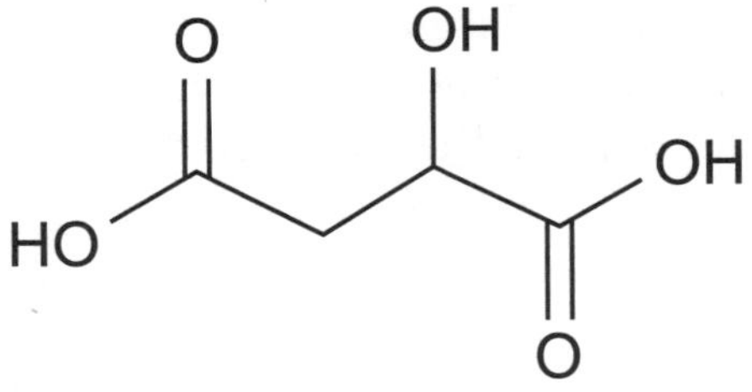

FIGURA 3 Ácido málico.

O fato é que o limão, principalmente nas composições adequadas com outros alimentos do reino vegetal e ricos em minerais, não permanece nessa forma ácida após sua ingestão, mas transforma-se rapidamente, já na mastigação, em sais alcalinos (citratos de cálcio, magnésio, ferro, potássio etc.). A prova desse fenômeno está no acompanhamento analítico da urina após a ingestão de diferentes doses de suco de limão, que apresenta, ao contrário do inicialmente previsto, forte alcalinidade.

Seu poder é tão alcalinizante que pode até neutralizar a acidez do estômago e outros problemas digestivos. Os sais alcalinos presentes no sangue e demais líquidos corporais vai manter todo o metabolismo em condição de leve alcalinidade. Assim, o suco do limão, apesar de gerar nas papilas uma sensação ácida quando ingerido, principalmente se bem acompanhado por vegetais frescos, crus e maduros, transforma-se em citratos, que são sais alcalinizantes de meios aquosos.

Além disso, trata-se de um conservante natural, que, com o ácido ascórbico (vitamina C) e os óleos essenciais da casca do limão, cumpre a função de um bactericida seguro e natural contra fermentações no estômago e intestinos, além de tratar infecções internas e externas de caráter contagioso. Na verdade, sua ação é bacteriológica e bacteriostática, pois destrói micro-organismos e os deixa inativos, criando um ambiente inadequado para o desenvolvimento dos germes, fungos e micro-organismos patogênicos. Mais uma vez: um grande aliado do sistema digestório.

Encontram-se ainda, no suco do limão, apreciável percentagem de ácido málico, com propriedades muito semelhantes às do ácido cítrico, e pequenas quantidades de ácido acético e ácido fórmico.

Vitamina C

Também conhecida como ácido ascórbico, a vitamina C é do tipo solúvel em água e termossensível, motivo pelo qual é destruída quando o alimento que a contém é cozido.

FIGURA 4 Vitamina C = ácido ascórbico.

É um antioxidante poderoso que exerce papel importante nos fenômenos oxidorredutores – portanto, um protetor aos danos do envelhecimento (oxidação) de todas as células e tecidos, beneficiando o rejuvenescimento e o desempenho das glândulas endócrinas.

O limão, ao lado das demais frutas cítricas, não é, relativamente, dos mais ricos em vitamina C (cerca de 50 mg por 100 ml de suco fresco) quando pensamos no kiwi, na acerola e no caju. No entanto, o curioso é que, na entrecasca e na casca, o teor dessa vitamina é praticamente o triplo: cerca de 150 mg por 100 g.

TABELA 7 — Teor de vitamina C na polpa fresca das frutas

Fruta	Teor de vitamina C/100 g
Suco do limão	50 mg
Casca do limão	aprox. 150 mg
Laranja	54 mg
Tangerina e toranja	45 mg
Abacaxi, goiaba e morango	60-70 mg
Acerola	1.880 mg
Caju	259 mg
Kiwi	107 mg

O corpo humano não sintetiza a própria vitamina C, necessária na formação dos tecidos fibrosos, dos dentes, dos ossos, das cartilagens, da pele e até dos cabelos. Por isso, é fundamental sua ingestão por meio da alimentação. Adolescentes e adultos precisam consumir um mínimo de 100 mg/dia; gestantes, 125 mg/dia; lactantes, 150 mg/dia; crianças, 75 mg/dia; e fumantes e adultos da terceira idade, 300 mg/dia.

O consumo diário do limão pelas crianças, desde a amamentação até a adolescência, pelas gestantes e pelos adultos da terceira idade é particularmente importante. Em casos de intervenção cirúrgica e convalescença, a vitamina C favorece a reconstituição de ossos e cartilagens, como também a cicatrização de cortes e feridas.

Assim, essa vitamina é eficaz no tratamento e na prevenção do escorbuto e da anemia, na reconstituição de tecidos e no fortalecimento do sistema imunológico. É também um grande auxiliar na cura de estomatites, problemas digestivos e circulatórios, dores de cabeça e piorreia.

Vitamina P

Essa vitamina é encontrada em profusão nas frutas cítricas como o limão, motivo pelo qual é mais conhecida como *citrina* (ou citrinas). Ela funciona em sinergia com a vitamina C, contribuindo para melhorar sua absorção e ação no organismo, assim como para aumentar a resistência dos vasos capilares e regular a absorção de nutrientes.

A vitamina P está representada por um grupo de substâncias chamadas bioflavonoides (flavonas, flavonoides). As mais ativas são a citrina, a rutina e a hesperidina. São substâncias que conferem as cores amarela e laranja aos alimentos.

Os bioflavonoides não são produzidos pelo organismo, motivo pelo qual têm que ser obtidos via alimentação. As principais fontes dessa vitamina estão na casca, na entrecasca e na película que envolve os gomos das frutas cítricas, como o limão, a laranja, a tangerina e a toranja.

No vídeo *Como preparar a farinha do limão* você aprenderá a não jogar fora as carcaças do limão após espremido. Elas podem virar um suplemento.

https://www.docelimao.com.br/site/entrevistas/video/195-como-preparar-a-farinha-do-limao.html

Assim, sempre é indicado que o suco do limão seja preparado de forma que contenha um pouco de raspas da casca, e suas fibras, encontradas na entrecasca, como também na sua polpa.

Os principais benefícios da vitamina P são:

- evitar que a vitamina C seja destruída pela oxidação, potencializando sua eficácia;
- trabalhar em conjunto com a vitamina C, fortalecendo os tecidos (membranas e paredes) capilares e conjuntivos;
- ajudar no tratamento de edema nos tecidos, como manchas roxas e equimoses;
- auxiliar na manutenção das artérias, ativando a circulação sanguínea e equilibrando as taxas ideais de colesterol;
- prevenir e curar sangramentos de gengiva;
- colaborar no tratamento de edemas e tonturas resultantes de alterações no ouvido interno;
- aliviar as ondas de calor da menopausa, se consumida acompanhada da vitamina C;
- aumentar a resistência contra infecções e viroses;
- contribuir para o rápido alívio de gripe e resfriados.

O fato é que a sinergia entre ácido cítrico, vitamina C e vitamina P confere ao limão especial importância no metabolismo dos aminoácidos e no aumento da fixação de cálcio e ferro pelos intestinos, em casos normais ou de deficiência. Esse é o motivo pelo qual o limão inteiro (suco, polpa e casca) é fundamental no tratamento e na prevenção de problemas ósseos, intestinais e de anemia.

Vitamina B1

Também conhecida como tiamina, é essencial para a conversão do açúcar em energia. Também participa de inúmeros outros processos no organismo, principalmente nos sistemas nervoso e cardiovascular. Sua deficiência acaba causando uma série de sintomas relacionados ao estresse. É excepcional no tratamento de males decorrentes do alcoolismo.

Vitamina B2

Participa de inúmeras reações antioxidantes que combatem o envelhecimento e previnem infartos e derrames, e ajuda o corpo a usar eficientemente carboidratos, gorduras e proteínas. É essencial, portanto, para a produção de energia.

Também conhecida como riboflavina, pode tratar problemas de visão como fotofobia e conjuntivites não infecciosas.

Vitamina B3

A primeira das vitaminas, a niacina, identificada em 1897, é outra integrante do famoso grupo do complexo B. Sua deficiência está associada à pelagra, doença que provoca inflamações na pele, à diarreia e a perturbações mentais. Ela previne dores de cabeça, especialmente enxaquecas. Também é capaz de garantir uma boa digestão. Alguns estudos indicam que boas doses desse nutriente colaboram nas desintoxicações e no tratamento da esquizofrenia; embora os cientistas ainda não compreendam direito como ela age nesses casos. Bem, ao longo desta leitura será fácil reconhecer o poder digestivo e desintoxicante do consumo diário do limão.

Provitamina A

Encontra-se, principalmente, na casca e na polpa fresca do limão. É derivada de um pigmento vegetal, o caroteno, que confere cor à abóbora e à cenoura. O caroteno é uma provitamina que, no fígado, se transforma em vitamina A, que ajuda a manter o bom funcionamento das células epiteliais da pele e das mucosas que revestem o sistema digestivo e respiratório. Sempre afirmo que o limão é um grande aliado da saúde do fígado, da visão, de todo o sistema digestório e da juventude da pele.

Fósforo

O conteúdo de fósforo do limão nutre o cérebro, o tecido conjuntivo e as células nervosas; trabalha em dupla com o cálcio, ajudando a construir e manter ossos saudáveis. Sua principal função, portanto, é proteger da osteopenia e osteoporose. O fósforo pode, comprovadamente, reduzir a sensação de fadiga e melhorar a resistência orgânica. Ele ativa muitas das vitaminas do complexo B.

Cálcio

O cálcio do limão constrói os ossos, torna os dentes sadios e, durante a gravidez, ajuda no bom desenvolvimento do feto, tendo em vista que ele se encontra na forma de sais orgânicos – citrato e malato de cálcio –, portanto mais ativos e biodisponíveis para a mineralização humana.

Magnésio

Ajuda a estimular as glândulas timo e pineal. É um bom agente laxante. O magnésio, juntamente ao cálcio, desempenha importante papel na formação da albumina do sangue. Seu grande trunfo é combater a osteoporose, porque sem o magnésio o cálcio não se fixa nos ossos e, em excesso (e livre), ele se deposita nas juntas, podendo causar artrite, ou nos rins, formar cristais (cálculos renais).

Por ser um tônico das articulações e dos músculos, inclusive do músculo cardíaco, o magnésio protege de doenças cardiovasculares, pressão alta e arritmias. As mulheres podem ver nesse mineral um forte aliado contra a TPM.

Manganês

Mineral que faz a glicose do sangue ser mais bem aproveitada, podendo ajudar no tratamento da diabetes. O manganês ajuda o organismo na absorção do cálcio, prevenindo a osteoporose. Faz parte de enzimas antioxidantes, sendo, portanto, um inimigo do envelhecimento precoce, dos tumores, do infarto e do derrame. Ele também colabora para o bom funcionamento do cérebro e do sistema de reprodução.

Potássio

Agentes diuréticos, cardiocinéticos e anti-inflamatórios, os sais de potássio tomam parte, com sua alcalinidade, na composição dos eritrócitos. Trata-se de um dos principais minerais para o bom funcionamento do organismo. Ao lado do cloreto de sódio, participa de um sem-número de trocas de substâncias importantes para o metabolismo humano. Além disso, ajuda a equilibrar a quantidade de água presente nas células.

A deficiência de potássio compromete o crescimento, enfraquece os ossos e provoca a diminuição dos batimentos cardíacos. Quando se faz uso de remédios diuréticos (ou transpira muito), esse mineral precisa ser constantemente suplementado. Dá-lhe limonada!

Sódio

Seus sais são muito ativos contra os desarranjos dos órgãos internos e na harmonia de todo o metabolismo vital. É o responsável pelo equilíbrio hídrico; portanto, é indispensável na manutenção da pressão ideal em todos os vasos e artérias. Sempre afirmo: ao temperarmos algum alimento primeiramente com o limão, usamos menos sal de cozinha, o que é muito benéfico. E o mágico é que o suprimento do sódio já acontece em sinergia com o magnésio, proporcionando melhor aproveitamento metabólico desses minerais.

Ferro

Não à toa, é conhecido por prevenir e curar a anemia: cerca de 80% do ferro do organismo é empregado na produção dos glóbulos vermelhos do sangue. Também favorece o trabalho dos músculos e pode aumentar a imunidade. Geralmente, o corpo humano armazena esse mineral no fígado, no baço, no tutano dos ossos e na musculatura.

O limão não é muito rico em ferro, mas seus componentes ácidos são fundamentais para fixá-lo. A melhor forma de consumir diariamente o limão, portanto, é integrá-lo a raízes (principalmente suas ramas), sementes, outras frutas e folhas ricas em ferro, como as couves, espinafres e bertalhas.

Zinco

O zinco está entre os nutrientes capazes de turbinar e melhorar as funções do sistema imune. Metal pesado se isolado, mas no limão apresenta-se na forma orgânica de citrato e malato, além de associado à niacina, que o torna mais biodisponível. O zinco por si só não é capaz de interromper completamente uma replicação viral, por exemplo, mas associado a niacina, selênio, quercetina e epigalocatequina-galato (EGCG) estará muito ativo. Mais um motivo para associar o consumo do limão com abacates, chá-verde, sementes como a castanha-do-pará e da abóbora... e combater o coronavírus, por exemplo.

D-limoneno e monoterpeno

Um dos grandes segredos das propriedades terapêuticas dos óleos essenciais (daqui em diante, abreviados como OE) contidos nos cítricos, extraídos de suas cascas, está no alto teor de monoterpenos que estes contêm. Na casca do limão predominam os seguintes componentes dessa família: d-limoneno, citral, pinenos, canfeno, bergapteno (o agente que causa manchas na pele quando exposta à luz solar), terpinenos, mirceno, linalol, geraniol e citronelol.

Óleos essenciais, OE ou OEs

Monoterpenos são as menores moléculas que compõem os óleos cítricos, motivo pelo qual penetram com extrema facilidade em todos os tecidos e células do corpo humano, com uma poderosa ação solvente de lipídios (gorduras). O monoterpeno presente em maior teor nesses óleos é o d-limoneno. Na casca da laranja sua concentração chega a 90%; na do limão, de 65% a 70%; na da tangerina, 70%; e na toranja, 95%. Várias pesquisas revelaram que esses monoterpenos conferem propriedades anticancerígenas, além de solver cálculos e entupimentos nas artérias.

O OE de limão apresenta, dentre os cítricos, uma composição mais complexa de monoterpenos, que o faz ter, em alguns tipos de tratamento, uma ação ainda melhor que os OEs de laranja ou pomelo. Além de 65% de d-limoneno, o limão também possui cerca de 10% a 20% de pinenos e aproximadamente 10% de gamaterpineno. Pesquisas realizadas no Japão revelaram que o gamaterpineno apresenta poderosa ação antioxidante capaz de inibir a oxidação do LDL (mau colesterol), impedindo assim que este cause a arteriosclerose ou que leve a um infarto.

O d-limoneno age, ainda, suprimindo a atividade da enzima hepática HMG-CoA redutase, um fator-chave para a síntese do colesterol. Ele age também descongestionando o fígado, especialmente após a ingestão de grande quantidade de álcool e alimentos gordurosos. A propriedade sinérgica desses vários terpenos do limão cria uma ação muito poderosa na desobstrução de vasos sanguíneos.

Sobre a ação psicológica dos óleos cítricos, cientistas do Departamento de Fisiologia da Universidade de Siena, Itália, estudaram o efeito da inalação do OE de limão sobre o sistema nervoso de ratos, chegando à conclusão de que esse OE reduz o teor de corticosterona, aumentando a capacidade de suportar a dor e reduzindo rapidamente a ansiedade.

De forma semelhante, esses efeitos foram notados por dentistas com o uso do OE de laranja em salas de espera de seus consultórios. Os OEs cítricos também estimulam a alegria e diminuem a depressão. Trataremos mais do OE de limão no Capítulo 7.

Flavonas PMF

Pesquisadores dos Estados Unidos e do Canadá descobriram que a casca das frutas cítricas contém uma família de substâncias que reduzem o colesterol ruim e são mais eficazes que os remédios alopáticos convencionais.

Identificadas como "Flavonas PMF", são similares a outros pigmentos vegetais benéficos para a saúde, como na proteção contra o câncer, doenças cardíacas e inflamações crônicas.

O estudo, publicado no *Journal of Agricultural and Food Chemistry*, foi realizado por pesquisadores do Departamento de Agricultura dos Estados Unidos e da KGK Synergize, uma empresa farmacêutica do Canadá. Foi determinado que essa substância não tem efeitos colaterais, como doenças hepáticas e a debilidade muscular. No relatório, destaca-se a declaração da vice-presidente de pesquisas da KGK Synergize e principal pesquisadora, Elzbieta Kurowska, que explicou que as Flavonas PMF são mais potentes para reduzir o colesterol que qualquer outro tipo de flavonoide.

Açúcares

Apesar de o limão apresentar sabor ácido, ele é uma fruta, portanto contém pequenas concentrações (de 1 a 3 g/100 g de suco fresco) de açúcares redutores, monossacarídeos como glicose e frutose, e menor percentual de sacarose.

Pectina

A entrecasca e a polpa do limão e das demais frutas cítricas são muito ricas em pectina.

Trata-se de uma fibra solúvel (também classificada como dietética) que, além de facilitar a digestão das gorduras e proteínas, ajuda a regular a absorção dos açúcares, diminuindo a sensação de fome e o armazenamento de gorduras. Natural em vários alimentos, é nas maçãs e nos cítricos que mais abundam e são mais funcionais.

Com forte ação gelatinizante, a pectina cítrica é rica em ácido galacturônico e galactose (RAHMANI *et al.*, 2020), os quais gelificam em presença de açúcar, água e calor.

Dependendo da variedade pode chegar a 2,8%, como no siciliano (*Citrus limon*), e a pouco mais de 1%, no galego (*Citrus aurantiifolia*).

Um agente depurativo por excelência, ajuda ativamente a dar volume e fluidez fecal, contribuindo para a rápida eliminação dos excretos.

Em síntese, é um agente natural que reduz a capacidade das células de absorver moléculas de gordura, priorizando a absorção de soluções aquosas. Ou seja, o limão contém agentes de ação emagrecedora, tanto no suco (digestão e desintoxicação) como na casca (regulação de açúcar, gordura e apetite), além de ação laxante.

CAPÍTULO 3

Nosso sangue não pode ser ácido

"Não existe espiritualidade em meios ácidos."

Ana Branco – Projeto Biochip (PUC/RJ)

Quando falamos de saúde física – prevenção, vitalidade e expansão –, equilíbrio emocional, inteligência plural e espiritualidade (condições essenciais para desfrutarmos com significância a nossa condição humana), é necessário ter consciência de que, na verdade, tudo isso depende essencialmente da qualidade de vida de nossas células, a qual, por sua vez, depende do equilíbrio ácido-base dos líquidos que se encontram dentro e fora delas.

Para entender o organismo

No mundo da química as substâncias, quando dissolvidas em meio aquoso, classificam-se como ácidas, neutras ou alcalinas. Substâncias ou meios ácidos são aqueles com excesso de carga positiva, e alcalinos são aqueles com excesso de carga negativa. Para simplificar, nós, químicos, usamos uma unidade de medida dessa acidez ou alcalinidade: o pH. Assim, existe uma escala de pH que varia de 0 a 14, na qual:

- pH = 0 indica extremo máximo de acidez ou carga positiva;
- pH = 7 indica neutralidade;
- pH = 14 indica extremo máximo de alcalinidade ou carga negativa.

Nossos líquidos corporais – linfa, líquidos intersticiais, líquidos intracelulares, sangue e líquido craniossacral – representam cerca de 65% a 70% da massa total de um corpo adulto, e o sangue, pelas suas funções de grande transportador, mediador, solvente, provedor e agente de ligação entre os órgãos, sistemas e tecidos, é o mais importante dos nossos lagos internos. A faixa ideal de pH do sangue humano (e dos demais líquidos corporais) está entre 7,36 e 7,42; portanto, levemente alcalino.

Variações bruscas desse pH vão não só comprometer o estado de consciência do ser, como também colocar em risco a sua vida. E para tanto o organismo humano usa de artifícios metabólicos autônomos, poderosos (eficientes e rápidos) para que se mantenha essa faixa ideal de funcionamento.

Se esse pH baixar a um valor de 6,95 (levemente ácido), o indivíduo poderá entrar em coma. No outro extremo, um sangue humano com pH a partir do 7,7 vai desencadear um estado de irritação extrema, espasmos, propensão a tetania e convulsões. Em síntese, a qualidade de vida de uma célula está diretamente relacionada ao pH do sangue e demais líquidos que a irrigam continuamente.

Muitos argumentam que isso nunca vai acontecer justamente por esse mecanismo de segurança. E até posso concordar EM PARTE, pois minha pergunta é: qual o custo energético e metabólico que se paga para usar diariamente – em algumas pessoas, várias vezes/dia – esse mecanismo de segurança?

Em constante pH ácido, o organismo se concentra em lutar pela sobrevivência. E lutar pela sobrevivência é algo que nos remete a dor e perda diária de vitalidade.

Em pH levemente alcalino o organismo conquista a harmonia metabólica; células, órgãos e sistemas se comunicam com precisão e eficiência, e criam-se condições para a vitalidade e saúde plena, gerando expansão da consciência: equilíbrio e amadurecimento emocional, psicológico e espiritual.

Concluindo: o líquido no qual as células e os órgãos estão mergulhados tem de ser mantido com o pH ideal entre 7,36 e 7,42.

Eternamente jovem

Após conseguir manter perfeitamente vivas, por 28 anos, as células cardíacas de um embrião de galinha, o fisiologista francês ganhador de um prêmio Nobel e falecido em 1944, Dr. Alexis Carrel, nos proporcionou uma boa prova de que foi possível manter as células jovens por bastante tempo. Como? Conservando-as constantemente banhadas por um fluido ligeiramente alcalino.

Essa é uma boa referência, pois qualquer condição que proporcione a adequada alcalinização dos líquidos corporais, começando pelos bons hábitos alimentares, vai possibilitar mais sanidade, nutrição, comunicação e longevidade celular.

Contrariamente, atitudes mentais e hábitos alimentares que gerem resíduos ácidos ou radicais livres devem ser reconhecidos e tratados como os verdadeiros vilões do envelhecimento precoce das células. Os maus hábitos desencadeiam as desarmonias metabólicas ou doenças.

É consenso médico que as doenças encontram em ambientes ácidos condições mais propícias para prosperar, pois nessas condições observa-se clara depressão das respostas imunológicas. Um organismo com líquidos corporais, principalmente o sangue, em PRESSÃO para a faixa ácida de pH, que é a situação mais comum em nossa sociedade, vai sofrer desvitalização das células, ou seja, terá células com vida mais curta e vulneráveis a doenças.

A causa mais natural dessa situação metabólica é a ingestão frequente de alimentos que acidificam rapidamente o organismo: alimentos refinados como o açúcar branco e a farinha branca, carnes e proteínas de origem animal, frituras, alimentos "aditivados" e industrializados, congelados ou excessivamente cozidos, bebidas gasosas etc. Enfim, tudo aquilo que conhecemos como alimentos de natureza biocida ("bio", vida; "cida", mata), ou seja, alimentos que matam a vida.

Esses alimentos são os grandes protagonistas na aceleração do processo de envelhecimento das células, na baixa vitalidade e produtividade do organismo, nos desequilíbrios emocionais, nas dificuldades digestivas e nutricionais e, finalmente, nas doenças.

E, durante toda a duração desse ciclo vicioso de acidificação, o organismo não terá condições de se curar ou sustentar a saúde plena. Em outras palavras: a cura ou saúde plena só é possível num organismo desintoxicado e levemente alcalino.

O grande segredo do poder de cura do limão se encontra na sua capacidade de rapidamente alcalinizar todo o organismo, favorecendo a sua autocura. Ou seja, o limão não cura, mas facilita o resgate das funções da autocura do organismo que recebe seus vários comandos: mineralização, alcalinização, adstringência e sua luz. Obviamente, um consumo diário e integrado a outros alimentos ricos em minerais (e fitoquímicos) do reino vegetal.

Que alimentos alcalinizam o sangue?

> O correto é saber se a bebida ou alimento é funcionalmente ALCALINIZANTE ou ACIDIFICANTE...

Os mais potentes modificadores do pH dos nossos líquidos corporais são os sais minerais, que funcionam como instrumentos de manutenção da saúde celular. Além de sustentar nossa estrutura e massa magra (sangue, ossos, músculos, tendões e dentes), os sais minerais alcalinizam ou acidificam o pH, conforme a necessidade do organismo.

As frutas frescas e as secas ao sol, as sementes germinadas e brotadas, as raízes, os legumes e as folhas (principalmente orgânicas), quando ingeridos crus, são os alimentos mais alcalinizantes à nossa disposição – por seu elevado teor de sais minerais, enzimas digestivas, vitaminas, fitoquímicos, água coloidal e fibras.

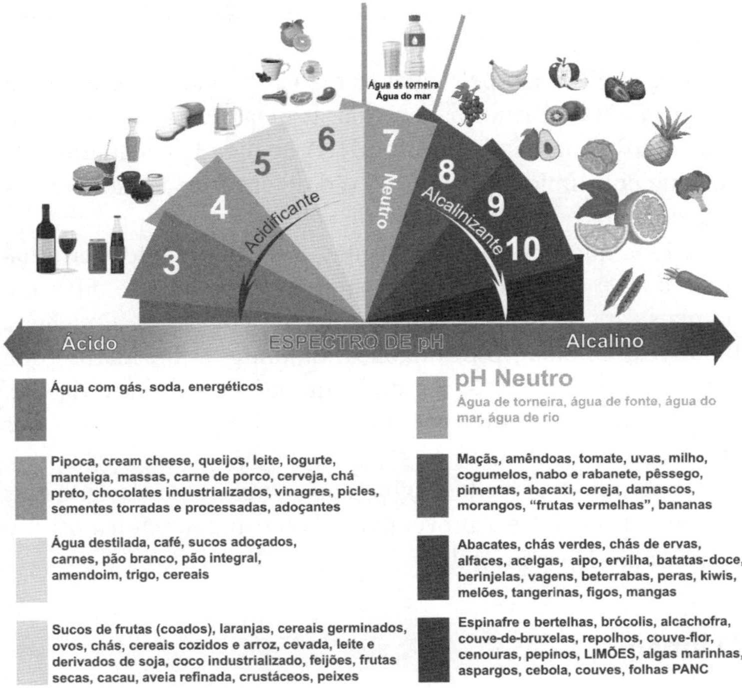
Água de torneira
Água do mar
3
4
5
6
7
8
9
10
Acidificante
Neutro
Alcalinizante
Ácido
ESPECTRO DE pH
Alcalino
Água com gás, soda, energéticos
Pipoca, cream cheese, queijos, leite, iogurte, manteiga, massas, carne de porco, cerveja, chá preto, chocolates industrializados, vinagres, picles, sementes torradas e processadas, adoçantes
Água destilada, café, sucos adoçados, carnes, pão branco, pão integral, amendoim, trigo, cereais
Sucos de frutas (coados), laranjas, cereais germinados, ovos, chás, cereais cozidos e arroz, cevada, leite e derivados de soja, coco industrializado, feijões, frutas secas, cacau, aveia refinada, crustáceos, peixes
pH Neutro
Água de torneira, água de fonte, água do mar, água de rio
Maçãs, amêndoas, tomate, uvas, milho, cogumelos, nabo e rabanete, pêssego, pimentas, abacaxi, cereja, damascos, morangos, "frutas vermelhas", bananas
Abacates, chás verdes, chás de ervas, alfaces, acelgas, aipo, ervilha, batatas-doce, berinjelas, vagens, beterrabas, peras, kiwis, melões, tangerinas, figos, mangas
Espinafre e bertelhas, brócolis, alcachofra, couve-de-bruxelas, repolhos, couve-flor, cenouras, pepinos, LIMÕES, algas marinhas, aspargos, cebola, couves, folhas PANC

FIGURA 5 Alimentos classificados segundo sua função metabólica: acidificantes ou alcalinizantes.

A água

A água é o componente mais importante do nosso organismo, representando cerca de 65% a 70% do peso corporal em um adulto, 80% em recém-nascidos e de 90% a quase 100% em fetos. A quantidade de água diminui com a idade, por isso se diz que a vida é um processo de desidratação – ou ressecamento, sinônimo de envelhecimento.

Um alerta: a água está em proporção inversa ao conteúdo de gordura. Ou seja, mais gordura, menos água, menos minerais, menos nutrição, menor hidratação e comunicação celular.

Deseja longevidade com qualidade de vida? Menos gordura, maior hidratação.

A água é o meio pelo qual se realizam todos os fenômenos bioquímicos essenciais para a vida. É nela que os sais minerais dissolvidos comandam o nosso pH. A qualidade e a quantidade de água consumida no dia a dia vão determinar a qualidade da vida de todos os nossos trilhões de células.

A água que nos vem pelas frutas, folhas, sementes germinadas, raízes e verduras orgânicas e cruas é totalmente diferente da mais cara de todas as águas minerais. Trata-se de uma água biológica, coloidal, estruturada, hidratante, antioxidante, que contém enzimas ativas, minerais, fitoquímicos e bactérias benéficas: vida! Ela entra em nosso organismo pronta para nos vitalizar e acordar.

Concluindo: a melhor água para o organismo das crianças de todas as idades é a proveniente da feirinha orgânica ou dos plantios do nosso quintal.

O limão

O fato é que o limão, apesar de ácido no sabor, é um agente alcalinizante por excelência. Seu potencial de alcalinizar o sangue humano acontece imediatamente após a ingestão. Ele mal alcança o estômago e já se inicia a alcalinização dos líquidos corporais, a partir da geração de citratos de cálcio, magnésio, ferro e outros. Principalmente se tomado batido com frutas, raízes, folhas e sementes germinadas, como é o caso dos sucos desintoxicantes. Ou, conforme a medicina hindu aiurvédica ensina: com uma pitada de sal integral, porque polimineral (cerca de 80 minerais).

Pois é, essa fruta tão barata e comum tem o poder de mudar radicalmente a nossa vida nos âmbitos físico, emocional, mental e espiritual. Como? Alcalinizando e mineralizando rapidamente o organismo.

O ácido cítrico do limão (5% a 7% no suco fresco), no organismo, transforma-se em citratos de sódio, cálcio, magnésio, ferro (entre outros), sais alcalinos, que causam rápida alcalinização do meio humoral, neutralizando e tamponando estados doentios de acidez (inflamações, mucos...).

E mais, esses sais levemente alcalinos são considerados os melhores remédios contra o excesso da viscosidade sanguínea, facilitando a desintoxicação e a prevenção contra acidentes cardiovasculares.

Um alerta: o poder de alcalinização do limão será potencializado e multiplicado se o seu consumo for integrado aos saudáveis alimentos citados anteriormente. E a manutenção desse quadro depende do seu bom consumo diário. No entanto, inserir o limão numa alimentação biocídica ou vazia de nutrientes não vai proporcionar esse benéfico fenômeno. É como se ele, o limão, se negasse a ser cúmplice de maus hábitos alimentares.

Outros agentes alcalinizantes

As emoções e sentimentos, bem como as atividades mental e física, também têm potencial para alcalinizar ou acidificar, em questão de frações de segundo, o nosso metabolismo.

Um organismo devidamente alcalinizado poderá vivenciar com frequência emoções e sentimentos mais baseados na empatia e na fé, resultando em experiências de alegria e solitude.

Afetuosidade, compaixão e compreensão são estados emocionais típicos de um organismo em harmonia metabólica, sereno e pacífico. Assim, o estado meditativo ou de oração, a vivência do amor, do bom humor, do belo, do positivismo, da verdade, do bom lazer e do prazer de estar vivo podem ser considerados "alimentos" de grande potencial alcalinizante. Essas emoções, por sua vez, alcalinizam o sangue. Pronto! Instalou-se um círculo vicioso positivo.

Quanto mais alcalinizante a alimentação, maior o ânimo para mobilizar o corpo com atividades físicas, criativas e prazerosas, e vice-versa.

O estresse e a ansiedade, porém, podem acidificar o sangue, e essa acidez é um fator negativo, porque provoca mais estresse. Um organismo acidificado tende a manifestar emoções e reações "ácidas". Raiva, impotência, inveja, culpa, ciúme, excesso de julgamentos e críticas, exercícios físicos obsessivos, competições, calor em excesso, desidratação também induzem rapidamente a acidificação do organismo.

Afinal, que alimentos evitar?

> Lembrar que não existem alimentos ácidos ou alcalinos, mas alimentos ACIDIFICANTES ou ALCALINIZANTES...

De modo semelhante ao açúcar isolado (de todos os tipos), são igualmente acidificantes todas as gorduras de origem animal e óleos vegetais hidrogenados (cuidado com as margarinas ou qualquer outra gordura hidrogenada embutida em todos os alimentos industrializados), alimentos refinados, sintéticos e aditivados com modificadores químicos.

Todas as carnes e proteínas de origem animal são fortes agentes acidificantes do sangue, pois necessitam de muito ácido clorídrico para sua difícil digestão.

São também acidificantes todos os alimentos vegetais "velhos", muito maduros, machucados, com pontos de apodrecimento ou que:

- não concluíram o ciclo de maturação no próprio pé;
- estejam contaminados com agrotóxicos;
- tenham suas estruturas modificadas pelo excesso de cozimento ou congelamento;
- tenham sido desnaturados, artificialmente "enriquecidos", submetidos à irradiação, expostos a campos eletromagnéticos em graus diferenciados, entre outros.

Uma curiosidade

Fora da maturidade qualquer alimento do reino vegetal tende a ser tóxico e acidificante. Esta é uma das incríveis vantagens da alimentação crua e viva, quando apenas consumimos alimentos no auge de sua maturidade...

O limão, por ser de cultura **não extensiva** (cultura familiar ou pequenos cultivos é a exigência desta planta), dificilmente contém agrotóxicos. Quando muito, nos de exportação há cera de carnaúba na casca para aumentar seu brilho, modular o amadurecimento e protegê-los de impactos.

Já os demais cítricos, principalmente a laranja, quando de cultura convencional (fora a orgânica), normalmente vem de plantio extensivo, exigem muitos insumos (agrotóxicos) – e aí sim podem desenvolver acidificação do meio. No entanto, não é o cítrico, e sim o agrotóxico.

Este é o motivo pelo qual, na medicina ortomolecular, os limões estão liberados, mas os demais cítricos (principalmente as laranjas) não.

Agora, toda vez que se mistura um alimento ALCALINIZANTE com um ACIDIFICANTE – por exemplo, suco de limão com açúcar –, predomina a ação que é mais densa, ou seja, a acidificante. E quanto mais açúcar, mais tóxica a mistura.

CAPÍTULO 4

As propriedades medicinais do limão

> *"O que sabemos é uma gota, o que não sabemos é um oceano."*
>
> Isaac Newton

Neste capítulo, tenho o intuito de comentar sobre as propriedades medicinais do limão por meio de uma abordagem simples e objetiva das principais enfermidades para as quais ele é muito indicado. Você, leitor, vai saber como e por que se pode tratar artrite ou problemas cardiovasculares com uma das Terapias do Limão, bem descritas no Capítulo 7.

No Capítulo 5, em que apresento o guia de consulta de A a Z, você vai saber sobre as indicações de tratamento de todas as doenças pesquisadas em que o limão pode agir com o seu fantástico poder de cura, ou melhor, seu poder de favorecer o resgate da sabedoria da natureza, a autocura do seu próprio organismo. Nos Capítulos 8 e 9, apresento as receitas para consumo interno e externo, respectivamente.

O propósito das informações é esclarecer, e não diagnosticar, receitar ou tratar qualquer doença. Trata-se de uma coletânea de pesquisas modernas, sobre as quais nós, leigos, precisamos estar bem informados. A decisão para usar ou não é de única responsabilidade do leitor. Para não correr os riscos da automedicação, sugiro que você aprofunde essas informações e compartilhe tudo com o seu médico.

Na elaboração deste livro, tive a preocupação de reunir um conteúdo o mais científico e completo possível sobre as propriedades terapêuticas do limão. Todas as informações foram pesquisadas em livros e artigos, alguns deles extremamente atuais, escritos por médicos e estudiosos das diferentes medicinas. Existem fontes muito antigas, como as da medicina aiurvédica, e estudos científicos mais recentes, como os que envolvem o óleo essencial (OE) da casca do limão; há também pesquisas empíricas de aromaterapia, florais e cromoterapia. No entanto, não faltam aquelas indicações e receitas da cultura popular mundial, trazidas pelos índios, pelos xamãs e por nossas avós. Entretanto, recomendo às pessoas que têm problemas graves de saúde fazer apenas uso do limão após conversar com seus médicos e estudar mais sobre o assunto.

Nenhuma fruta tem valor medicinal igual ao do limão, e suas propriedades merecem estar descritas num livro como este, cujo objetivo é trazer à luz todo esse potencial. O consumo diário e regular do limão é profilático e um verdadeiro elixir da longa vida.

Com indicações e emprego em moléstias diversas, com possibilidades de numerosas formas de aplicações internas e externas, o limão nem sempre é valorizado devidamente pelos profissionais contemporâneos. Particularmente no Brasil, cuja média de consumo *per capita* cresceu nos últimos dezoito anos (estimado em 300%), porém ainda considerada baixa (7,2 kg/ano/habitante × 14 kg/ano/habitante na média europeia), sua intensiva utilização pode contribuir decisivamente para o incremento da saúde da população.

> **Consumo *per capita* estimado: total produzido – total exportado**
> Em 2000 – 2,4 kg/ano = 4 limões/mês/habitante;
> Em 2018 – 7,2 kg/ano = 12 limões/mês/habitante.

Geralmente conhecido pela sabedoria popular, que segue tradições e ensino que vêm de nossas avós, o limão aguarda, tranquilo e sereno, o julgamento da posteridade por uma humanidade mais esclarecida, que deseja maior lucidez e poder pensante, para desprender-se dos condicionamentos e das "facilidades" do modernismo tecnológico.

A leitura destas páginas nos motiva a procurar, no seio das forças naturais e vivas, a terapêutica e o tratamento salutar, que previne e cura sem fazer mal, sem arriscar a padecer da própria cura com os fatais efeitos colaterais.

O processo do metabolismo catabólico (quebra dos alimentos até suas unidades básicas de nutrição e posterior eliminação dos excretos = digestão) de uma alimentação repetidamente inadequada é responsável por muitas enfermidades e suas manifestações, como acidez sanguínea, baixa imunidade e inflamações/infecções repetitivas, entre outras. O limão, quando bem acompanhado, é um agente eficaz da boa digestão e da boa excreção.

O homem moderno, com sua vida estressante e sedentária, extremamente intoxicado, padece com as doenças metabólicas típicas do século. Para impedir ou prevenir que o organismo chegue à doença, necessita alcalinizar seu sangue de forma plural, ou seja, fazendo uso de multiminerais, transformando os restos ou resíduos do metabolismo a fim de, finalmente e de maneira mais fácil, poder expeli-los. Desintoxicar-se é preciso.

Quando isso não acontece, esses resíduos tóxicos e ácidos permanecem no organismo, ocasionando milhares de agravos patológicos, pelos quais os seres humanos chamados "civilizados" têm de pagar caro.

O limão, com sua riqueza de ácido cítrico e traços de ácido málico, facilmente transformados em sais alcalinizantes, e com sua alquimia – de fermentos, vitaminas, fibras e monoterpenos –, contribui poderosamente para eliminar resíduos que, como agora sabemos, são os responsáveis diretos e indiretos pela construção diária das doenças. Esses resíduos tóxicos funcionam como verdadeiros escudos, dificultando o sucesso dos tratamentos de cura e das terapias alternativas.

Assim, por meio de estudos prolongados, constatou-se que o uso do limão estimula a produção de uma grande diversidade de sais no organismo, promovendo a neutralização da acidez dos líquidos corporais.

Além da sua rápida neutralização com os cátions disponíveis no meio, apesar de, no estado livre, o limão ter como princípio ativo o poderoso ácido cítrico, este, em contato com o meio celular no interior do nosso organismo, é oxidado e complexado, comportando-se como um alcalinizante suave, ou seja, um neutralizante da acidez interna.

Perceba, leitor, como esse alimento é mágico: ao mesmo tempo que contribui eficazmente para o funcionamento normal do metabolismo de eliminação (mobilização = depuração = desintoxicação = purificação), também é fundamental no processo de absorção e assimilação de todos os minerais importantes, por exemplo, na fixação de cálcio, magnésio, potássio e ferro. Enfim, com uma sábia orientação terapêutica e o consumo diário do limão, podemos amenizar e até, possivelmente, curar doenças classificadas como incuráveis.

Os efeitos notáveis do limão

Como descrito, o limão pode ajudar na prevenção e no tratamento de muitas dificuldades de saúde e ser utilizado como um verdadeiro remédio. No entanto, para isso, é preciso ter o esclarecimento correto sobre como preparar, dosar e consumir.

Peço a devida responsabilidade (e respeito por si próprio) de primeiro entender as dinâmicas de cada proposta de tratamento com o limão para, somente nos próximos capítulos, aprender as receitas e o modo de uso no combate a inúmeras moléstias que essa fruta tem o poder de prevenir, tratar e curar.

São inúmeras as propriedades do limão e muitas funcionalidades que ele pode promover positivamente sobre o organismo.

A seguir, separei as mais destacadas do uso sistêmico (ingestão da fruta e seu suco) e do uso tópico (uso externo):

TABELA 8 Vantagens do limão quanto ao Uso Interno (ingestão)

	Uso interno ou por ingestão
Efeito digestivo	Ajuda na salivação e prepara o organismo para uma eficiente digestão; pré-digere alimentos mais densos, como carboidratos de cadeia longa, proteínas e gorduras (ação adstringente); harmoniza todo o metabolismo via mineralização e alcalinização; no plano emocional, ajuda na digestão de si mesmo, dos desafios e das relações.
Efeito adstringente	Ajuda a eliminar gases e "dissolver" excesso de "gorduras"; atua também para conter hemorragias em cortes ou escoriações; no plano emocional, dissolve diferenças pessoais e interpessoais.
Efeito alcalinizante	Age rápido na alcalinização do pH do sangue e de todos os demais líquidos corporais cujo pH costuma ser levemente alcalino por resultar da combinação de um ácido fraco (orgânico) e bases relativamente fortes (linfa, líquido craniossacral, líquidos intracelulares e intersticiais), via formação de citratos de cálcio, magnésio, ferro, sódio e potássio, entre outros.
Efeito mineralizante	Ajuda o organismo a fixar sais minerais como ferro, cálcio, potássio, magnésio (entre outros), ou seja, uma mineralização plural, tão necessária à saúde celular e humana, viabilizando assim uma pronta e eficiente comunicação celular, além de massa magra estruturada e forte.

(continua)

TABELA 8	Vantagens do limão quanto ao Uso Interno (ingestão) (*continuação*)
	Uso interno ou por ingestão
Efeito antibacteriano e antivirótico	Pelo meio levemente alcalino que provoca (e tampona), atua como um antibiótico natural que detém o avanço de infecções internas em tecidos e mucosas, como fígado, sistema digestório, respiratório e urinário.
Efeito depurativo	Ajuda na desintoxicação, purificação e limpeza do sangue e das células, acelerando a capacidade metabólica de eliminar toxinas por meio dos sistemas excretores.

TABELA 9	Vantagens do limão quanto ao uso externo (tópico)
	Uso externo tópico ou externo: terapêutico e cosmético
Efeito adstringente	Valorizado pela cosmética natural, pois reduz a oleosidade da pele e do couro cabeludo.
Efeito antioxidante, bactericida, fungicida e antibiótico	Conservante muito usado em alimentos e fórmulas, caseiras ou naturais, ajuda na higienização de alimentos, assim como na higienização e cicatrização de tecidos, cortes e feridas.
Efeito clareador	Trata a pele e suaviza manchas.
Efeito ativador	Estimula a circulação, combatendo celulite e varizes e proporcionando a desintoxicação via pele.

Como o limão age em certas condições de saúde

A seguir, listo um breve compilado de como os efeitos descritos nas tabelas 8 e 9 são sentidos na prática pelo organismo ao tratar doenças específicas, aliviar incômodos e melhorar o funcionamento dos órgãos.

Ácido úrico

O ácido úrico é uma substância resultante do metabolismo das proteínas e purinas, normalmente eliminada pela urina. Uma das principais causas da artrite (inflamação nas articulações) é a formação excessiva de ácido úrico em consequência de uma alimentação inadequada, por exemplo, muito rica em alimentos proteicos, principalmente os de origem animal. Outra causa importante pode ser um metabolismo deficiente na destruição e eliminação desse ácido.

Logicamente, a primeira providência de tratamento é a redução do consumo de alimentos produtores de ácido úrico (carnes, seus derivados e leguminosas). A segunda providência é adotar um regime alimentar neutralizante do ácido úrico, consumindo mais limão, laranja e uva, e também hortaliças como couve, alface, cebola e aipo.

O suco do limão tomado pela manhã, em jejum – 10 a 20 minutos antes do café da manhã –, descongestiona e desintoxica o organismo e, se usado com regularidade, erradica por completo todos os uratos. Os ácidos do limão contribuem poderosamente para oxidar os resíduos do metabolismo, especialmente os proteicos, responsáveis diretos do artritismo em todas as suas manifestações.

Desse modo, é evidente a sua grande valia nas diversas patologias reumáticas e artríticas. A dinâmica da Terapia Intensiva do Limão aumenta a excreção de ácido úrico, ureia e ácido fosfórico por meio da urina.

Em casos de pacientes em condição avançada, em quem os resíduos proteicos geram elevadas taxas ácidas e, portanto, exigem grande demanda de agentes alcalinizantes, recomenda-se a Terapia Intensiva do Limão associada a um caldo alcalinizante de hortaliças, que deve ser preparado via decocção conjunta de aipo, cebola, alface e outras hortaliças ou suco verde especialmente alcalinizante.

Câncer

O câncer, no início, é uma enfermidade local e não provoca dor. Nesse caso, o diálogo com o corpo é fundamental. A grande infelicidade dessa distorção celular consiste no fato de que a doença, sobretudo nos cânceres internos, só é diagnosticada tardiamente, e os recursos terapêuticos já estão cada vez menos efetivos, apesar de extremamente agressivos e violentos para as demais células saudáveis. Portanto, o tratamento do câncer só costuma ter resultados favoráveis se iniciado nos primeiros estágios da doença. Quando a degeneração já evoluiu demais, começam as metástases, fazendo a pessoa sentir-se seriamente doente. Os recursos terapêuticos, via de regra, não conseguem resultados tão rápidos.

O mais prudente é o diagnóstico precoce e, antes disso, a grande sabedoria está em praticar hábitos de vida e alimentação que previnam o câncer e as demais doenças. É a chamada "medicina preventiva" ou "ecomedicina". Existem muitas clínicas naturistas e preventivas que orientam as pessoas para uma dinâmica de vida com alimentação mais vegetariana e crua. No meu livro *Alimentação desintoxicante: para ativar o sistema imunológico*, desenvolvo bastante esse tema, ao indicar o consumo de sucos desintoxicantes com vários propósitos terapêuticos – entre eles, o de prevenir e combater o câncer, uma doença que se inicia quando o sistema imunológico está frequentemente deprimido.

O limão, com todas as suas propriedades, principalmente as alcalinizantes e desintoxicantes, evita o câncer, e seu uso em doses bem estudadas, integrado a outros alimentos especialmente alcalinizantes, pode combatê-lo e até destruí-lo. A Terapia Leve do Limão e, nos intervalos, os sucos desintoxicantes integrados ao limão, ingeridos uma ou mais vezes, todo santo dia de Deus, são extremamente indicados.

O d-limoneno no combate ao câncer

Conforme já citado no Capítulo 2, o d-limoneno é um ativo químico encontrado em algumas plantas, e tem sido utilizado, com vários benefícios, na prevenção do câncer. Esse composto é natural e, quando protocolarmente usado, atóxico, sendo facilmente encontrado na casca das frutas cítricas como o limão, a laranja, a tangerina, a toranja e a bergamota, ideal se cultivadas organicamente.

O d-limoneno é um monoterpeno monocíclico que faz parte de quase 100 estudos científicos realizados em animais e seres humanos, para prevenção e tratamento de câncer, como por exemplo, o de mama. Essa substância tem mostrado ser ativa contra vários tipos de tumor.

Assim, incorporar o d-limoneno na dieta é uma escolha que ajuda a promover e manter o ciclo saudável de vida de células normais. E esse hábito pode ajudar a bloquear o câncer em seus 3 estágios: iniciação, progresso e dependência. Em outras palavras, o d-limoneno auxilia na prevenção do início do câncer e no tratamento quando já instalado.

A sugestão é suplementar a alimentação com o consumo diário de d-limoneno, ou seja, limão – casca e polpa – associado a uma dieta rica em frutas e vegetais, bem como um estilo de vida saudável. Essa combinação torna a vida mais longa, produtiva e com menor risco de câncer.

Em síntese, o uso do óleo essencial (OE) do limão, rico em d-limoneno e em outros monoterpenos, é um auxílio ao tratamento e à prevenção de alguns tipos de câncer, especialmente nas fases iniciais do desenvolvimento da doença. Os tipos de câncer já iniciados em que esse tratamento mostrou melhores resultados são os de próstata, estômago, fígado, intestinos, pâncreas, mama, pulmão e nas leucemias.

Como o d-limoneno age?

Segundo estudos do Hospital Universitário de Saint Radboud, Holanda, o d-limoneno age aumentando a atividade de uma enzima desintoxicante de agentes desencadeadores do câncer, a Glutationa S-Transferase (GST).

O aumento dos níveis de atividade dessa enzima intensifica a capacidade de o organismo desintoxicar-se, portanto previne e trata o câncer. O d-limoneno também age induzindo a morte das células cancerosas e/ou inibindo a sua multiplicação.

Estudos com ratos na Universidade de Purdue, EUA, demonstraram que a quimioterapia com o uso de monoterpenos, como o d-limoneno, resulta numa rediferenciação dos tumores malignos em um fenótipo mais benigno. Monoterpenos são agentes antitumorais efetivos, não tóxicos para ingestão e que agem por meio de uma série de mecanismos, portanto fazem parte de um amplo número de remédios naturais para o tratamento do câncer.

Estudos do Departamento de Oncologia da Universidade de Wisconsin-Madison, EUA, demonstraram que o d-limoneno apresenta ação preventiva na indução do câncer mamário, tanto nos estágios de formação como nos de progressão da doença. Foi observado que esse monoterpeno também causou a completa regressão da maioria dos cânceres mamários em ratos, e agiu especialmente na rediferenciação de tumores malignos e benignos.

Pesquisas do Centro Médico de Osaka, no Japão, observaram que o d-limoneno age inibindo a proliferação de células cancerosas no pâncreas, mostrando um potencial muito útil no tratamento desse tipo de doença.

A Universidade Médica de Dalian, na China, chegou à conclusão de que o uso do d-limoneno no tratamento do câncer gástrico (BGC-823) apresenta excelentes resultados, graças à indução dessas células à morte.

Dessa forma, como os óleos cítricos são a maior fonte natural de d-limoneno, eles podem ser utilizados como favoráveis recursos no tratamento de vários tipos de câncer (ver formas seguras de consumo do d-limoneno no Capítulo 6).

É preciso mencionar que algumas pesquisas antigas sobre a ação do d-limoneno em ratos, em altas dosagens e a longo prazo, mostraram a capacidade desse monoterpeno de ocasionar tumores e inflamações nos rins. No entanto, um considerável número de estudos de várias faculdades e centros de pesquisa internacionais indicaram que a toxidade renal do d-limoneno resulta do acúmulo de uma proteína que é sintetizada exclusivamente por ratos adultos machos, e não por seres humanos. Portanto, o d-limoneno não possui, em princípio, nenhum risco nefrotóxico ou carcinogênico para seres humanos.

Uma curiosidade

O médico oncologista Carl Simonton, autor de *Com a vida de novo*, em parceria com Matthews-Simonton e Creighton, afirma que a ideia de que o câncer devora vorazmente todo o corpo do doente é totalmente errada.

Células cancerígenas são tão frágeis que é quase impossível cultivá-las num tubo de ensaio. Se isso finalmente acontece, e o cientista acrescenta no recipiente glóbulos brancos, nunca são observadas células cancerígenas atacarem esses glóbulos. Ao contrário, são os glóbulos brancos que iniciam imediatamente o ataque.

O que quer dizer que um tumor maligno apenas consegue alastrar-se dentro do corpo humano sob condições específicas, as quais são criadas principalmente por alimentação inadequada e emoções destrutivas, como raiva contida, medo e desesperança.

Hoje, cientistas especializados em psiconeuroimunologia sabem que esses estados psicológicos negativos atacam o sistema imunológico por meio de "mensageiros", ou seja, toxinas, as quais o limão e seus ingredientes ativos ajudam a eliminar.

Quando o paciente aprende a arrancar essas emoções de seu subterrâneo psicológico e lidar construtivamente com elas, o câncer não encontra mais substâncias que o alimentem e tende a desaparecer.

Além disso, medo, raiva e desesperança são, muitas vezes, gerados por informações falsas. E quem descobre que as células cancerígenas são vulneráveis pode acabar com as emoções destrutivas cultivadas a respeito da doença.

Mais curioso ainda é que, na aromaterapia, o OE do limão e o floral do limão são usados justamente para provocar maior contato com as verdades internas e a força da alegria de viver.

Infecções Sexualmente Transmissíveis (IST)

No caso de IST, a pessoa infectada deverá imediatamente recorrer a um médico. Entretanto, a terapêutica naturalista recomenda o consumo do limão para reforçar o sistema imunológico e ativar a desintoxicação do organismo. Assim, adotar um regime diário de sucos desintoxicantes preparado com frutas, hortaliças e limão vai favorecer a micção e a evacuação, além de abreviar o tempo de cura.

No tratamento da sífilis, por exemplo, a desinfecção do sangue realizada pela Terapia Intensiva do Limão e, nos intervalos, o consumo do suco do limão combinado com o de outras frutas, sementes germinadas e folhas trazem resultados surpreendentes, mesmo se medicamentos alopáticos tenham se mostrado ineficazes.

Na prevenção e no tratamento de corrimentos vaginais, o recomendável é o consumo diário dos sucos desintoxicantes, associado a banhos de assento em asseio matinal, até que desapareçam os sintomas.

No tratamento da aids, que é uma doença decorrente de baixa resistência imunológica, a Terapia Intensiva do Limão e, nos intervalos, o consumo diário do limão, integrado aos sucos desintoxicantes (duas ou mais ingestões por dia com um limão por vez), atuam como poderosos ativadores do sistema imunológico.

Em síntese, a terapêutica natural depura o organismo de substâncias tóxicas e prejudiciais, e todos esses invasores causadores das ISTs têm ação intoxicante e devastadora. Com a pronta e diária desintoxicação, instala-se um ambiente metabólico que reverte a doença e evita que sejam danificados órgãos e sistemas. Mais que isso, eles são mantidos fortes para prevenir ou acelerar a cura.

Disfunção erétil e impotência

O consumo dos sucos desintoxicantes integrados ao limão vai oferecer a oportunidade para o organismo se curar, caso não haja sequelas irreversíveis, avaliadas por exames e por um profissional competente.

Tenho depoimentos de que, quando não existem sequelas, o óleo essencial (OE) de limão, com seus monoterpenos atuando em todo o sistema respiratório e cardiovascular, pode funcionar como um Viagra natural.

Logicamente não existe milagre, ou seja, a alimentação desintoxicante deverá ser uma prática diária da Cultura da Vida, para que o sistema cardiovascular esteja sempre saudável e o problema não volte. O uso do limão associado à semente de linhaça germinada é aqui muito indicado também: a Vitamina da Lua.

Escorbuto

O escorbuto é uma doença do sangue causada por uma alimentação pobre em vitamina C, ou seja, isenta de frutas cítricas e hortaliças cruas. O suco do limão não é tão rico nesta vitamina, mas seu poder para ajudar a evitar o escorbuto essá na sinergia vitamina C-vitamina P (também conhecida como citrina) e em suas demais propriedades, como a de alcalinizar e limpar o sangue.

A falta da vitamina C causa uma série de desordens orgânicas, entre elas: astenia (cansaço por anemia); inapetência (falta de apetite); doenças reumáticas em músculos, articulações e nervos; tendência para a hemorragia da pele e das mucosas; propensão para catarros nas vias respiratórias, digestivas e urinárias. Também ocasiona uma diminuição na capacidade de rendimento, principalmente no caso de desportistas e operários.

Quando tais sintomas aparecem, é o momento de consumir diariamente limões e laranjas integrados a folhas, raízes e frutas ricas em ferro, para evitar graves lesões orgânicas e recuperar a saúde, a capacidade de rendimento e a resistência. A eficácia da vitamina C em forma de suco natural de frutas e hortaliças é muito maior do que a do ácido ascórbico sintético. E o suco precisa ser fresco, ou seja, consumido imediatamente após sua extração.

Um consumo diário de vitamina C – 50 mg a 120 mg para pessoas sadias – equivale ao consumo do suco fresco de 2 limões por dia. Num quadro claro de escorbuto, na lactância, nas doenças infecciosas, no câncer, na diabetes, na doença de Basedow-Graves e nas intoxicações, assim como por ocasião de grandes esforços físicos, a dose de limões (e outras frutas cítricas) por dia deve ser bem maior.

Na gestação, na convalescença e na velhice, a necessidade de vitamina C é ainda maior, devendo-se consumir em abundância limões, laranjas e hortaliças, além de outras frutas, como acerola, kiwi, goiaba e uva.

O escorbuto causa problemas de sangramento das gengivas; portanto, o asseio da boca necessita ser evidenciado. Nesse caso, enxaguar as gengivas com o sumo diluído do limão também é recomendado.

Febre

No Brasil, o limão já é comumente empregado para combater a febre. Nas enfermidades infecciosas, o seu suco fresco em forma de limonada (sem açúcar) é refrescante e favorece a autocura, como também a ação dos antitérmicos: naturais (banhos e homeopatia) ou artificiais (alopatia). Existem relatos de curas notáveis em casos de febres refratárias ao sulfato de quinino, como a malária, com a decocção de limões (ver receitas no Capítulo 5).

Fígado, vesícula e a relação com a visão

Quando falamos em fígado, do ponto de vista energético, estamos nos referindo também a vesícula biliar, olhos, ombros, joelhos, tendões, unhas, seios e todo o aparelho reprodutor feminino, desde ovários, trompas, útero até a vagina. Por esse motivo, na medicina tradicional chinesa (MTC) se diz que o fígado é o órgão mais importante para a mulher, assim como o rim é o órgão mais importante para o homem.

Quando o fígado funciona mal, pode ter certeza de que pelo menos um desses aspectos da saúde poderá dar avisos, emitindo sinais de alerta! Mas, com certeza, a sua capacidade de enxergar a vida, a visão, dará sinais gritantes: vamos buscar "enxergar" atentamente o que está apontando dificuldade.

Procure um oftalmologista para avaliar a melhor forma de tratar os sintomas, porém a causa muito provavelmente está no sistema hepático. Ou seja, usar (ou mudar) óculos ou fazer uma cirurgia poderá solucionar (temporariamente) os sintomas, mas não a causa.

É importante diferenciar o significado de ver e enxergar. O ver é superficial e raramente possibilita registro (arquivos, memórias); o enxergar é uma percepção em estado de alerta, de presença real, e possibilita o registro do aqui e agora. O enxergar costuma ir além do físico, capacitando percepções do que está oculto. É o que se conhece como intuição, inspiração ou sexto sentido.

Sem enxergar, sem perceber a vida no mundo real (estado de alerta ou meditativo), vão para o espaço a intuição (criatividade e inspiração), a fé (oposto da ansiedade, medo e pânico), o bom humor e a alegria (qualidade e significância da vida), o equilíbrio e a inteligência (capacidades de enxergar o outro e as soluções).

E trata-se de um círculo fechado: enxergar ajuda na tonicidade do fígado, e um fígado saudável nos ajuda a enxergar melhor. Encarar serenamente um desafio, sem ilusões (falsas expectativas, autoenganos ou mentiras), sem esconder as prioridades e providências debaixo do tapete, torna tudo mais fácil e digerível, solucionável. Esse comportamento facilita a digestão dos alimentos, inclusive dos mais pesados, como as gorduras e vitaminas oleosas.

A digestão dos desafios da vida. A leveza e a gostosura da superação. Os olhos que brilham (sem necessitar de palavras) e transbordam a felicidade. Felicidade não se conta ou explica, mas se irradia através dos olhos, dos poros. Atitudes negativas, de não enxergar os desafios, de não se preparar para enfrentá-los, são capazes de torná-los ainda maiores, dificultando todas as funções do fígado, da vesícula e da visão. Tudo fica indigesto, mais difícil de enxergar.

Felizmente, o fígado possui uma grande capacidade de regeneração, intensificada em pessoas mais flexíveis às mudanças e com facilidade de se refazer a partir de situações difíceis. Sua qualidade de armazenar grandes quantidades de energia solar vai "iluminar" e tornar "hilárias" as atitudes como: acumular iras, impotências, iludir-se ao culpar os outros, fazer-se de vítima e se apegar ao não soltar e ao não "enxergar". Nessas situações, o consumo diário do limão é uma decisão sábia, pois ele será um cúmplice, um aliado, uma ferramenta para a pronta recuperação do sistema, restaurando a harmonia metabólica do organismo. O limão, com seu sabor ácido e poder laxante, vai atuar como um desintoxicante específico. Com isso, cálculos vesicais poderão ser evitados ou o seu crescimento interrompido, desde que haja uma boa revisão dos maus hábitos alimentares, em direção à alimentação que chamo de Cultura da Vida: alimentação crua e viva.

Metafisicamente, os distúrbios do fígado são provenientes do hábito de se queixar com amargura e rabugice apenas para se iludir (resistir às mudanças, ao próprio poder), de ter pensamentos agoniados, plenos de raiva e ódio ao relembrar situações do passado. Revela um não querer enxergar os outros ou enxergar a si mesmo. Simples, não?

Os agentes físicos que causam danos ao fígado, à vesícula e à visão são: álcool, fumo, café, chá (exceto o verde e os de ervas), cacau industrializado (superaçucarado e aditivado), excitantes, açúcar refinado (branco, demerara e mascavo), adoçantes artificiais, alimentos refinados, produtos químicos sintéticos, gordura animal, gordura hidrogenada, frituras e alimentos muito industrializados.

A formação de cálculos pode ocorrer nos condutos biliares do fígado, mais comumente, porém, na vesícula biliar. O suco do limão, tomado em doses estudadas, numa frequência diária, pode prevenir e até tratar problemas tanto hepáticos como vesicais, inclusive cálculos. A associação com o suco de laranja ou de tangerina também produz excelentes resultados. Já o d-limoneno, contido no OE extraído da casca do limão e outras frutas cítricas, age suprimindo a atividade da enzima hepática HMG-coa redutase, um fator-chave para a síntese do colesterol. Age também desintoxicando o fígado, especialmente após a ingestão de grande quantidade de álcool ou alimentos muito gordurosos.

Várias faculdades e laboratórios ao redor do mundo desenvolveram pesquisas sobre a capacidade do d-limoneno de dissolver cálculos de colesterol na vesícula. Num desses estudos, o do Laboratório de Pesquisa Shionogi, em Osaka, Japão, dos participantes com cálculos de vesícula, cerca de 48% eliminaram por completo as pedras e 14,5% tiveram dissolução parcial delas, sem relatos de efeitos colaterais significantes.

Garganta, boca e dentes

O limão é um poderoso bactericida, uma espécie de antibiótico natural. Gargarejos com seu suco fresco são benéficos para todos os tipos de afecção do trato nasofaríngeo, incluindo lábios, gengivas e língua, bem como para laringites e aftas. Inalado puro ou diluído, é um bom desinfetante em casos de rinites e sinusites.

Embora não seja necessário, alguns dentistas indicam, na ingestão do suco puro do limão, o uso de um canudo, para evitar que sua acidez inicial cause agressão ao esmalte dos dentes. Na verdade, para provocar a abrasão, seria necessário o suco de vários limões (sem a inevitável diluição da saliva) em contato com o esmalte dos dentes por horas. O que o limão provoca, na verdade, é um aviso de que algo internamente não está bem, e esse aviso vem na forma de uma sensibilidade, já existente, dos dentes. Ver no site Doce Limão a correlação de cada dente, segundo a naturopatia, com um órgão e sistema, para você poder avaliar a origem do problema.

> Dentes e as suas funções energéticas, com o mapeamento de cada dente e a que sistemas se encontra associado.
>
> https://www.docelimao.com.br/site/doce-sabedoria/1155-parte-2-dentes-funcoes-energeticas.html

Entretanto, no caso de dúvida, o uso do OE de limão no preparo de pasta dentifrícia (ou adicionado à sua pasta tradicional) é terapêutico e muito recomendável, porque trata, com eficiência, problemas de gengiva, língua e boca.

Gravidez e amamentação

O consumo diário do limão, em suas diversas formas, é muito recomendável para as gestantes, pois as prepara para um parto sem dor, fazendo seus bebês virem à luz sãos e com reservas proteicas por até oito meses.

Existem registros antigos de que há 2 mil anos já se utilizava o limão para o tratamento de enjoos e perda de sangue na gravidez. Seu uso interno e externo suaviza e faz desaparecer rapidamente as manchas do rosto. Vermífugo natural, destrói micro-organismos, criando um ambiente inconveniente aos germes.

Durante o pré-natal, a mulher deve preparar-se para a amamentação. Além de consumir diariamente sucos desintoxicantes à base de limão, é preciso formar nos mamilos um tipo de calosidade, a fim de que percam aquela sensibilidade que lhes é natural. Para isso, durante a gravidez, a gestante deverá passar nos mamilos uma bucha vegetal todas as vezes que tomar banho e, à noite, aplicar neles uma gaze com algumas gotas de suco de limão, o que vai tratar o tecido da pele, tornando-a mais resistente. Pela manhã, a região deve ser muito bem lavada. Por fim, a gestante pode deixar os mamilos tomarem sol direto por dez a quinze minutos, uma ou duas vezes por semana, sempre prestando atenção a nunca fazer isso após ter aplicado o suco de limão sobre eles.

Com relação à amamentação, o tempo mínimo ideal é de seis meses, sem a necessidade de oferecer nenhum outro tipo de alimento. Não é preciso sequer a ingestão de água, pois somente o leite materno já supre todas as necessidades do bebê. No entanto, durante esse tempo, a mãe deverá nutrir-se diariamente com os sucos desintoxicantes contendo limão, pois todo o seu sistema imunológico seguirá fortalecido, protegendo não só a sua saúde, como também a do bebê, que está alimentando-se do seu enriquecido leite.

É importante que durante a amamentação a mãe não exagere com nenhum alimento, por mais benéfico que seja, pois o bebê poderá sentir desconfortos. No caso do limão, recomendo, no máximo, de 1 a 3 por dia.

Gripes e resfriados

Durante a chamada gripe espanhola (epidemia de 1918), no Rio de Janeiro, o limão alcançou preço fabuloso. É que o seu uso foi urgente para suavizar essa moléstia. O limão é um dos melhores meios terapêuticos para tratar e prevenir a gripe e resfriados. A gripe ordinária, que pode complicar-se facilmente e assumir formas graves, encontra na alimentação sadia uma das melhores resistências.

No caso dos resfriados e gripes, mais vale prevenir do que remediar. Uma alimentação diária sadia, da qual deve fazer parte o limão, já é um regime ideal, inclusive na prevenção de outras doenças, pelo fortalecimento das defesas naturais do organismo. Uma boa dieta consiste em evitar o açúcar e aumentar o consumo de frutas, raízes, sementes germinadas e hortaliças, pelos seus altos teores minerais e vitamínicos. Sucos e vitaminas desintoxicantes, sempre integrados ao limão, são altamente recomendados para nutrir e vitalizar as células, os órgãos e sistemas.

Uma cura radical do resfriado obtém-se pela Terapia Leve do Limão, de três até sete dias (ver Capítulo 8).

Logicamente, pessoas mais sensíveis, com alergia a poluição, mudanças de temperaturas e umidade, podem apresentar sintomas indistintos dos de um resfriado comum. De qualquer forma, fortalecer o sistema imunológico com a prática da Terapia Intensiva do Limão, realizada a cada três meses, sempre será muito benéfico.

Intestinos

O suco fresco do limão tem propriedades antidiarreicas, antifebris e antissépticas. Nas gastrenterites, diminui a inflamação da mucosa e atenua as náuseas. Por seu elevado teor de ácido cítrico, também atua contra os bacilos diftéricos.

O uso diário dos sucos desintoxicantes integrados ao limão tem o poder de manter os intestinos limpos e ativos, portanto saudáveis. Pode acontecer, porém, de inicialmente o limão prender um pouco o intestino, mas isso será transitório. Nesse caso, é recomendável tomar, ao se deitar, um copo de água morna e ingerir mais frutas e verduras cruas diariamente. O preparo do Rejuvelac, um caldo enzimático e probiótico obtido a partir de cereais fermentados, e seu consumo juntamente ao suco fresco de limão é uma ação muito indicada para regularizar intestinos preguiçosos.

> Saiba mais sobre como preparar os seus Rejuvelacs e ter autonomia de consumo de probióticos.
>
> https://www.docelimao.com.br/site/tv-de-bem-com-a-natureza/1512-tv-de-bem-com-a-natureza-3-rejuvelac.html

No caso de disenteria ou diarreias, perigosas nos adultos, mas mortais nas crianças, deve-se recorrer imediatamente ao médico. No entanto, o suco de limão, ao qual pode ser acrescentada uma pitada de sal, costuma ser muito proveitoso, principalmente se houver evacuação de sangue. Uma limonada fresca (sem açúcar), idealmente diluída em água de coco-verde, deve ser ingerida aos cálices, ao longo do dia.

Menstruação

Por suas propriedades de alcalinizar, limpar, controlar hemorragias e harmonizar todo o metabolismo, o consumo diário do limão, principalmente se combinado com figo ou mamão e semente de linhaça germinada, poderá regular os períodos e o volume menstrual, além de ativar o funcionamento das trompas e dos ovários.

Além disso, o hábito de consumir os sucos verdes (fartura de folhas verde-escuras), ricos em ferro e clorofila, associados ao limão, vai favorecer uma reposição eficaz e saudável do ferro, prevenindo e tratando possíveis quadros de anemia.

Obesidade

Quando falamos de perda do excesso de gordura corporal, que é o emagrecimento verdadeiro, estamos nos referindo a harmonia metabólica, excelente digestão, desintoxicação e equilíbrio hormonal. Estamos falando de assimilação adequada de minerais, de um organismo bem hidratado (raro nos obesos, pois água e gordura não são compatíveis), de respiração plena das células e de busca da saúde psicoemocional. O consumo diário do limão, nas suas diversas formas, tem a ver com tudo isso.

Sucos desintoxicantes contendo limão, tomados em jejum e trinta minutos antes das refeições principais, ajudam o organismo a se aliviar de venenos, toxinas e excretos, entre eles o excesso de gordura corporal, as frustrações, culpas, impotências, apegos e fomes afetivas. Uma terapêutica milenar da medicina aiurvédica, simples o suficiente para ser praticada em qualquer situação, é a ingestão em jejum do suco fresco de um limão em meio copo de água morna com uma pitada de pimenta-do-reino preta moída na hora (ou mastigada na hora). Essa forma de consumo será mais adequada e efetiva quanto maior for o consumo de alimentos de origem vegetal.

Os picles indianos de limão (ver receita no Capítulo 8) estimulam todos os sabores e papilas gustativas (amargos, adstringentes, salgados, doces, ácidos e picantes), acordam todos os órgãos do sistema digestório, mobilizando imediatamente tudo o que não foi digerido (passado ou presente). O Chooran, um pó digestivo, também proveniente de um conceito da medicina aiurvédica, usado como beberagem ou sobre saladas e outros alimentos, auxilia no acordar dos órgãos do sistema digestório e como um carminativo, interferindo na formação e dissolução de gases provenientes das fermentações (má digestão). Digerir bem e desintoxicar-se diariamente emagrece, pois excessos de gordura corporal são esconderijos de toxinas acumuladas ao longo de anos no organismo. Recomendo fazer dos sucos desintoxicantes um hábito diário: o ideal é tomar 3 por dia, todos contendo o suco fresco de 1 limão médio, o equivalente a 2 colheres de sopa. Os sucos vão promover um processo de desintoxicação diária e ajudar a perder não só o peso, como aspectos do emocional e psicológico que carecem de solução.

Uma dica é tomar os sucos desintoxicantes por 21 dias e, em seguida, fazer a Terapia Leve do Limão de sete dias. Repetir esse processo até alcançar a meta desejada. O importante é ser constante no consumo diário dos sucos. Se precisar de ajuda para lidar com a ansiedade e equilibrar as emoções, recomendo o uso do floral do limão e laranja e/ou da sinergia ansiedade/autoestima-insônia. Também recomendo o uso do óleo de massagem desintoxicante que ajuda, via pele, a eliminar gorduras localizadas. Tudo isso vai gerar uma nova harmonia no metabolismo. Lembre-se: desintoxicar o corpo físico proporciona mais clareza mental e equilíbrio emocional.

Se você deseja novos resultados, é fundamental mudar pensamentos e hábitos. É importante aprender a ter rotinas saudáveis como a dos sucos desintoxicantes, e praticar uma atividade física que pode ser simples, como a caminhada; um dançar no banheiro, mas constante.

Buscar, com determinação, equilibrar o emocional: o que o faz engordar? Entrar em contato com isso e desapegar de crenças, padrões de comportamento e sentimentos é parte do emagrecer e, depois, manter o peso.

E, é claro, as mudanças não acontecem todas de uma vez, mas é importante dar os primeiros passos e começar; o restante vai acontecendo no processo. Um começo divertido? Os sucos desintoxicantes com o nosso amigo e sagrado limão. Um estresse inesperado? Um desejo por desistir? Um belo suco desintoxicante com o nosso amigo e sagrado limão para lavar sua alma!

Pele e couro cabeludo

O suco de limão é um magnífico desinfetante natural para tratar chagas e irritações da pele. Ao facilitar que o organismo elimine suas toxinas, seu consumo interno, associado ao uso externo, é indicado para tratar acne, furúnculos e couro cabeludo. Um antibacteriano e antiviral natural, ele é recomendável para conter o avanço das infecções tópicas. Para dar um significativo exemplo, os surfistas, diante de acidentes com recifes de coral (arranhões e feridas mais graves), usam o suco de limão para desinfetar e conter hemorragias, até a chegada de socorro.

A sinergia adstringente limão-linhaça é perfeita para tratar problemas de pele. Sua melhor forma de consumo é a Vitamina da Lua. O consumo diário dos sucos desintoxicantes, sempre integrados ao limão, favorece a limpeza e purificação de todo o organismo, como observa Victoria Boutenko em seu livro *12 passos para o crudivorismo* (2010, Capítulo 5, p. 39):

> Por que a alergia acontece? Porque temos uma grande quantidade de toxinas no nosso corpo. As pessoas dizem: "isso acontece quando como frutas ácidas". Os cítricos apenas dissolvem as toxinas, fazendo elas passarem através da pele e demais sistemas excretores com mais rapidez. Sem dúvida, isso é bom para nós. Afinal desintoxicar-se é uma forma de cura.

O suco fresco do limão é um substituto vantajoso da tintura de iodo, pois nem sempre temos iodo em mãos. Aplicado puro, é um excelente desinfetante e cicatrizante. Aplicado sobre úlceras e feridas, pode até agir contra a chamada "podridão de hospital". É muito indicado também contra coceira e irritações da pele. Quando friccionado sobre o corpo (casca ou polpa), afugenta moscas e mosquitos.

Na cosmética natural, o suco do limão é usado em receitas de antimanchas, esfoliante natural e até para tratar vitiligo, pois toda substância que causa manchas é um potente "redutor" de manchas. Assim sendo, clarear ou tirar manchas de roupas ou da pele com o limão pode ser um tratamento natural e bastante eficaz.

Entretanto, é sempre bom lembrar que, durante qualquer tratamento antimanchas, tomar sol é proibido e usar filtro solar

FPS 30 é fundamental. Outro cuidado importante: todo tratamento antimanchas deve ser realizado somente durante o outono e o inverno, quando os raios solares estão mais brandos.

O limão é ainda um excelente adstringente, acidulante, refrescante e branqueador, motivo pelo qual é empregado na produção de loções para peles oleosas, cremes clareadores da face, mãos e corpo, sprays para cabelos oleosos ou normais, xampus para cabelos oleosos, pastas dentifrícias e, especialmente, para restaurar a acidez da cútis (ver receitas no Capítulo 9).

Já o couro cabeludo requer certos cuidados na prevenção de caspa, parasitas e queda de cabelo, que, embora nem sempre leve até a calvície, costuma ser um alerta. Diversos podem ser os fatores que a causam, como circulação insuficiente, perturbação ou disfunção glandular, sangue muito intoxicado por maus hábitos alimentares, além de desequilíbrios orgânicos e emocionais.

O simples hábito de enxaguar a cabeça com suco diluído de limão já pode evitar a queda do cabelo, além de proporcionar mais brilho e resistência. O uso do limão, tanto externo (fricções tópicas) como interno (consumo diário via sucos desintoxicantes), vai fortalecer, evitar e tratar todas essas dificuldades.

Pulmões e problemas respiratórios

Quando o limão age alcalinizando e desintoxicando, todo o organismo se beneficia. No entanto, o sistema respiratório agradece, e muito. Na alcalinização o metabolismo entra em harmonia, todas as águas começam a passar uma informação de nutrição, desintoxicação e paz. A respiração tende a um ritmo mais regular e nutritivo: oxigenar e expirar gás carbônico. Na oportunidade da desintoxicação, mucos, catarros e "má-águas" terão a oportunidade de ser excretados. Por último, com a propriedade de fortalecer o sistema imunológico, haverá uma redução de inflamações e infecções de todo o sistema respiratório. Os tratamentos com a terapia intensiva, sucos desintoxicantes e via aromaterapia são indicados para crianças e adultos de todas as idades.

Quando reconhecemos que no Ciclo de Krebs (também conhecido como Ciclo do Ácido Cítrico) esse ácido é fundamental na respiração e vitalidade das células, podemos compreender que o consumo do limão vai afetar a respiração das células!

Raquitismo, osteopenia e osteoporose

O ácido cítrico contido no limão dá maior resistência contra o raquitismo em lactentes e crianças, pois aumenta a absorção de cálcio e magnésio pelo intestino, com a vitamina D, que combate eficientemente o raquitismo. A Terapia Intensiva do Limão e, nos intervalos, o consumo diário do limão via sucos desintoxicantes, sucos verdes e as vitaminas cremosas (com sementes germinadas e frutas da estação) vão promover a prevenção e o tratamento do raquitismo, da osteopenia e da osteoporose. Importante lembrar que, principalmente nesses quadros de propensão, o consumo do limão precisa ser integrado a frutas, sementes germinadas, brotos, raízes, folhas e legumes, idealmente crus, orgânicos e maduros, para garantir uma farta fonte dos sais minerais. E lembre-se: foco no magnésio das folhas e brotos!

Rins e bexiga

Cálculos renais se formam quando a urina fica supersaturada (concentrada) de sais, que vão cristalizar, ou seja, precipitar-se na forma de cristais, caso a urina não contenha substâncias que evitem esse processo. Uma dessas substâncias é o citrato.

O consumo diário de uma limonada pode ser um bom tratamento terapêutico para prevenir e até adiar o desenvolvimento de cálculos renais. O limão tem propriedades adstringentes, portanto, de ajudar na dissolução (ou inviabilizar a formação) de aglomerados de cristais e células gordurosas. Uma das indicações mais frequentes dos urologistas é o sal alcalino conhecido como citrato de potássio, que não deve ser tomado em comprimidos ou em forma líquida, mas de maneira natural, afinal o limão está repleto de citratos.

Assim, quando pessoas que têm propensão para formar cálculos renais procuram o centro de tratamento da Universidade de Wisconsin-Madison, EUA, são logo orientadas para uma prática alimentar diária: a Terapia da Limonada, que não tem efeito tão imediato como o consumo direto do citrato de potássio, mas, para quem quer evitar remédios e fazer um tratamento preventivo, é uma alternativa muito sábia e consciente. Outra vantagem é que o suco do limão é um diurético e laxante natural. A receita indicada pelos médicos é 1 parte de suco de limão para 7 partes de água, ou seja, suco de 1 limão diluído em 1 copo de água.

E, de acordo com Steven Nakada, diretor e professor de Urologia daquela universidade, a terapia da limonada, com pouco ou idealmente nenhum açúcar adicional, vai provocar um aumento da quantidade de citratos na urina, inibindo assim a formação e precipitação de cristais, que ao longo do tempo iriam aumentar, tornando-se "pedras" ou "cálculos".

David Kang, estudante de medicina e pesquisador no Centro Compreensivo de Cálculo Renal da Universidade de Duke, EUA, descobriu que a terapia da limonada pode ajudar na prevenção e no tratamento por um longo tempo. Ele e sua equipe acompanharam 12 pacientes que usaram a terapia da limonada por até quatro anos. Observou-se que ao longo desse tempo eles formaram pedras menores e num ritmo mais lento do que antes de começar tal tratamento. Logicamente, ainda é necessário um estudo em maior escala para confirmar as descobertas, mas esse trabalho foi apresentado no encontro anual da Associação Americana de Urologia, em Atlanta (EUA), em maio de 2006, de acordo com o site de notícias da rede CBS.

O uso diário de suco fresco de limão estimula o funcionamento dos rins. Uma bexiga irritável fica aliviada depois de algumas limonadas não adoçadas. No caso de cálculos renais ou na bexiga, a Terapia Intensiva do Limão tem a função de atacar esses cristais e ajudar a dissolvê-los.

Todavia, durante uma crise, não se deve consumir o limão. Seu poder adstringente atuaria contra a expulsão, retardando-a em vez de acelerá-la. A não ser no momento de crise, seu efeito será sempre benéfico, fazendo as vezes de coadjuvante do tratamento principal. Finalmente: sal, baixo consumo de água e de fibras, consumo em excesso de proteínas de origem animal e de alimentos industrializados (refinados e muito aditivados) são hábitos péssimos para o pleno funcionamento dos rins. No entanto, o simples cuidado de ingerir mais frutas e vegetais frescos e crus, além de alimentos mais integrais, já impede notavelmente o desenvolvimento de dificuldades renais.

Descubra a Terapia da Limonada, seus conceitos e sua prática.

https://www.docelimao.com.br/site/limao/conceito/5-limao-x-rins-terapia-da-limonada.html

Sistema cardiovascular

Na casca do limão, que contém os especiais OEs com seus vários monoterpenos, podemos contar com uma ação potente na desobstrução de vasos sanguíneos e no tratamento da arteriosclerose.

O suco do limão, por ser um purificador do sangue, que ativa a eliminação de toxinas, fluidifica (desintoxica) e fortifica o sangue; é um tônico desse sistema. Polpa e casca têm ação combinada que impede e neutraliza a proliferação das tão temidas afecções arterioscleróticas. Por isso, recomenda-se também para quem sofre de varizes e hipertensão.

O suco do limão preparado com polpa e casca contém bioflavonoides como as Flavonas PMF e a vitamina P (as citrinas), que, combinados com a vitamina C, têm ação benéfica sobre a queda do mau colesterol (LDL) e sobre os capilares sanguíneos, aumentando sua resistência.

Portanto, o consumo diário de sucos desintoxicantes contendo o limão (polpa e casca), 3 vezes ao dia, por um período de um a três meses, vai favorecer na redução dos níveis ideais do colesterol e triglicérides, melhorar a flexibilidade e porosidade das membranas das veias, vasos e artérias, geralmente sem efeitos colaterais. Integrar o consumo do limão a semente de linhaça germinada (elevado poder adstringente) também é bastante indicado, lembrando que essas indicações deverão estar integradas ao tratamento médico tradicional, nos casos das patologias já instaladas.

Sistema digestório

A maioria das pessoas pensa que, por apresentar sabor ácido, o limão causa danos ao estômago e, portanto, deve ser evitado no tratamento de todo tipo de acidez ou problemas digestivos. Entretanto, com seu elevado teor de ácido cítrico e citratos, uma vez ingerido, o limão deixa de apresentar propriedade ácida porque estimula a produção de citratos e outros sais orgânicos alcalinos, promovendo rapidamente a neutralização da acidez localizada, do sangue e demais líquidos corporais. Ou seja, o limão é um alimento que facilita a digestão e um grande aliado no tratamento dos problemas digestivos já instalados.

O fato é que o ácido cítrico do limão, facilmente transformado em citratos, age como um bloqueador (sequestrante, complexante ou tamponante) de prótons, ou seja, um omeprazol natural. O omeprazol é um remédio alopático cuja função é unicamente bloquear prótons (acidez). Assim, o consumo adequado do limão, naturalmente, vai neutralizar lugares ácidos, estabilizando o meio em pH levemente alcalino. As vantagens do limão sobre o omeprazol são muitas porque ele vai muito além de somente sequestrar prótons. Fazendo uma analogia, tal propriedade só "baixa a febre", não cura a "infecção".

Assim, comparando somente essa função, o ácido cítrico do limão neutraliza a acidez e estabiliza o meio num pH levemente alcalino. A essa estabilidade dá-se o nome de "tamponar". E, na condição levemente alcalina, ocorre a dificuldade para a presença de bactérias patogênicas, ou seja, o limão acumula a função de ser um antibiótico natural.

O limão funciona também como um cicatrizante das mucosas agredidas pela acidez, proporcionando um ambiente favorável à cura das úlceras. Por último, seu suco natural e fresco é um agente adstringente (detergente), dissolvendo gorduras, ou seja, ajudando na digestão delas (etapa lenta) e evitando grandes formações de gases, fenômeno comum nas síndromes como azia, refluxo esofágico e constipação. Enfim, com uma sábia orientação terapêutica e o consumo diário de limão, consegue-se prevenir, amenizar e até curar doenças digestivas reputadas como incuráveis.

O uso interno das diversas formas saudáveis de preparo do limão é muito útil na regeneração dos tecidos inflamados das mucosas, reconduzindo ao estado e funcionamento normal de todas as etapas do sistema digestório. Adequadamente usado, o limão tem o poder de cicatrizar as úlceras do estômago e evitar a sua formação, pois destrói os germes e as bactérias nocivas que contribuem para gerar as ulcerações. Combate dores de estômago, ventre e rins, bem como a falta de secreção de sucos pelas glândulas da boca e do estômago.

O limão combate as fermentações e os gases, tão comuns em problemas digestivos causados por mastigação inadequada, ou pelo consumo excessivo de açúcar, amido, frituras, alimentos muito industrializados e combinações alimentares inadequadas. No entanto, cabe aqui um alerta: não vale sabotar diariamente a sua alimentação e depois usar o limão como antídoto, pois dessa forma o limão vai aos poucos perder sua função e ação.

Quem consome o limão diariamente neutraliza e controla o excesso de bile, fazendo um bem extraordinário ao fígado, além de lubrificar as paredes da vesícula, evitando a formação de pedras no seu interior. Isso ajuda no tratamento das infecções e demais dificuldades hepáticas. O limão é um amigo do pâncreas e, sendo consumido somente durante o dia, revela-se um expurgador e tonificante do fígado e da vesícula. Interessante ressaltar que a milenar medicina aiurvédica, mãe de todas as medicinas, trata a maioria das dificuldades digestivas com receitas à base de limão.

Uma curiosidade: pessoas que receberam radioterapia na cabeça tendem a perder a capacidade de salivação, o que é fundamental no preparo digestivo e que no plano oculto representa uma dificuldade de ser fluido e deixar fluir a vida. Os oncologistas, nesse caso, recomendam aumentar o consumo interno e diário do limão, assim como sua olfatação.

CAPÍTULO 5

Indicações e usos

Ainda bem pequena minha avó me ensinava sobre meditação: quem faz uma vez e não faz bem, três vezes vai, três vezes vem!

Antes de começarmos mais um capítulo, quero ressaltar novamente que as informações contidas neste livro não substituem as orientações médicas, principalmente no caso de doenças crônicas e com histórico de elevada complexidade.

Este capítulo reúne as questões de saúde mais comuns e a sugestão de procedimentos com o limão que poderão ajudar na prevenção e no tratamento, tudo organizado de A a Z para facilitar a consulta. As fontes pesquisadas na coleção dessas informações, que constam da bibliografia listada ao final deste livro, são as mais variadas, como livros médicos, naturalistas (vários padres dedicados a comunidades carentes e isoladas do país), terapêuticos, artigos de revistas, jornais e sites.

Faço um alerta de que a cura é resultado de mudanças de hábitos e atitudes. Encaro a doença como, literalmente, um "mestre", que busca nos despertar para transformações importantes do Ser. Portanto, as sugestões de tratamento com o limão devem estar associadas a um conjunto de decisões e ações. Estas páginas estão totalmente integradas à prática dos muitos hábitos saudáveis descritos nos meus livros *Alimentação desintoxicante, O poder de cura da linhaça* e *De bem com a natureza*.

As receitas recomendadas a seguir estão expostas nos seus capítulos correspondentes. Por exemplo: a Terapia Intensiva do Limão (TIL), mencionada em muitas das recomendações de tratamento desta seção, encontra-se explicada no Capítulo 7; o

Suco de Luz do Sol e a Vitamina da Lua estão no Capítulo 8 (sugiro também que seu conhecimento sobre sucos desintoxicantes seja ampliado e aprofundado com a leitura do livro *Alimentação desintoxicante*). Demais receitas, como as indicadas para problemas digestivos, de pele e outros, serão encontradas nos Capítulos 7 a 10.

Qual limão consumir?

Uma vez que todas essas variedades de limão contêm entre 5% e 7% de ácido cítrico em seu suco fresco, todas podem perfeitamente ser consumidas ou usadas no preparo de alimentos e produtos terapêuticos.

A melhor dica é consumir o limão que está mais abundante, maduro e barato: da safra, espontâneo da estação. É o limão que se apresenta com casca brilhante e pouco rugosa, está macio ao apertar, revelando elevada suculência, e cujo cabinho (ou estrela) solta facilmente.

Seja no consumo via Terapia do Limão (Capítulo 7) ou nas diversas possibilidades de uso diário, interno ou externo, desde que maduro e fresco, idealmente, para quem pode, recém-colhido do pé. A fruta "de vez", ou seja, que ainda não está madura, não contém tanto suco nem micronutrientes na dosagem ideal. Ao contrário, como um remédio que ainda não está pronto, costuma conter alérgenos que são tóxicos à saúde humana e dos animais.

Por outro lado, a fruta muito madura já está em processo de morte e apodrecimento. Sua casca já não apresenta o mesmo brilho, começa a desenvolver uma dureza quebradiça e a sua cor original já se apresenta transformada em tons mais opacos. Em síntese: toda e qualquer fruta só deve ser consumida quando exatamente madura. Nem antes, nem depois. Não se esquecer de lavá-las muito bem antes do seu consumo.

Seu consumo deve ser feito imediatamente após a extração do suco, ou seja, suco fresco. Delete lixos eletrônicos, incluídos aqueles que recomendam congelar o limão. O congelamento é um cozimento reverso que debilita a funcionalidade dos melhores alimentos.

Existem muitas dicas (ver Capítulo 10) de como obter o melhor do suco do limão, geralmente com o uso de um espremedor manual ou elétrico. Entretanto, há receitas em que recomendo o preparo desse suco no liquidificador ou na centrífuga, quando se torna possível aproveitar aquela entrecasca branca, que é rica em pectina, e a casca, que é rica em óleos essenciais.

Tratamentos com o limão de A a Z

Todas as indicações devem ser preparadas sem o uso de qualquer açúcar (principalmente o branco), que é um alimento intoxicante e depressor do sistema imunológico, ou seja, que mata a vida. E, superimportante, não deixe de ler sobre os cuidados ao manusear e consumir os limões, no próximo capítulo.

Acidez gástrica: Para uma ação inibidora, tomar o suco fresco de 1 limão diluído em 1 copo de água + 1 pitada de sal integral, sem açúcar, 2 vezes por dia, sempre 1 hora após as refeições. A medicina aiurvédica recomenda, após as atividades matinais de meditação, tomar o suco fresco de 1 limão num copo com água morna e 1 pitada de sal integral em jejum.

Ácido úrico: Evitar carnes, laticínios e leguminosas. Aumentar o consumo de vegetais crus e frescos. Alcalinizar e depurar o sangue por meio da Terapia Intensiva do Limão, a cada três meses. Nos intervalos da terapia, consumir diariamente o Suco de Luz do Sol e/ou a Vitamina da Lua. Ver Capítulo 4 e *Gota*.

Acne: Evitar alimentos gordurosos e doces. Tomar o suco fresco de limão diluído em água + 1 pitada de sal integral, sem açúcar, ou o Suco de Luz do Sol em jejum. Uma ou mais vezes ao longo do dia, tomar a Vitamina da Lua.

Aftas: Diluir o suco de 1 limão em igual volume de água morna e fazer bochechos e gargarejos várias vezes ao dia.

Aids e ISTs: Terapia Intensiva do Limão a cada três meses (durante um ano) e, nos intervalos do tratamento, consumir diariamente (em jejum e ao longo do dia) sucos desintoxicantes como o Suco de Luz do Sol e/ou a Vitamina da Lua.

Alcoolismo e tabagismo: Desintoxicar é fundamental. Praticar a Terapia Intensiva do Limão a cada três meses e, nos intervalos, consumir diariamente, em jejum, os sucos desintoxicantes como o Suco de Luz do Sol e/ou a Vitamina da Lua. Outra opção é a água de melissa das Carmelitas, muito usada nos séculos XVIII e XIX, que tinha como objetivo tratar e curar os males do sistema nervoso. Nos tempos atuais, acredita-se que tem o poder de interromper a dependência de drogas. Os ingredientes são: 350 g de folhas e flores de melissa fresca, 75 g de casca de limão, 40 g de canela em pau, 40 g de cravo, 40 g de noz-moscada, 20 g de sementes de coentro e 20 g de raiz de gervão. Macerar tudo em 2 L de álcool de cereais diluído com ½ L de água destilada. Colocar tudo em um vidro escuro com tampa e deixar descansar (maturar) por oito dias. Coar e tomar todas as noites 1 colher de café diluída em 1 xícara de chá com água morna e gotas de mel.

Alergia: Em caso de hipersensibilidade, que pode resultar em dermatose, eczema, edema, urticária, asma, bronquite, rinite, sinusite etc., o recomendável é manter o corpo hidratado e alcalinizado, pronto para eliminar aquilo que lhe causa danos. A Terapia Leve do Limão, como um teste de adaptação, e, em caso positivo, a Terapia Intensiva do Limão podem trazer bons resultados. No intervalo e durante as terapias, tomar diariamente a Vitamina da Lua.

Amamentação: Hoje, sabe-se que a saliva do bebê informa ao sistema nervoso da mãe qual a composição do leite que ele está precisando ingerir. Portanto, nada substitui o leite materno. Como explicado no Capítulo 4, o ideal é a mãe consumir limão durante a gestação e mesmo durante a amamentação. Tomar diariamente, em jejum, o Suco de Luz do Sol e, ao longo do dia, sucos desintoxicantes enriquecidos com 1 limão, valorizando as folhas verdes, a cenoura e todos os alimentos ricos em caroteno.

Amenorreia: Existe uma variedade de causas para a ausência ou interrupção do ciclo menstrual da mulher durante o seu período reprodutivo. Entretanto, doenças debilitantes, estados de subnutrição, avitaminoses e intoxicações podem gerar tal quadro, que pode ser revertido com a Terapia Intensiva do Limão a cada três meses. Nos intervalos do tratamento, consumir diariamente em jejum o Suco de Luz do Sol e, ao longo do dia, sucos desintoxicantes ou a Vitamina da Lua.

Amidalite: Gargarejar, várias vezes ao dia, com o suco fresco de 1 limão diluído em igual volume de água morna e 1 pitada de sal integral. Gargarejar com o suco morno de 1 limão diluído com igual volume de 1 chá forte de orégano. Ou, preparar 1 chá forte com folhas de goiabeira e cascas de romã. Deixar amornar e acrescentar suco fresco de ½ limão. Gargarejar 3 ou mais vezes por dia.

Anemia: Como existem diversas causas, exames e um médico são fundamentais para o correto diagnóstico. Sempre evitar alimentos industrializados e muito processados e aumentar o consumo de alimentos ricos em ferro, vitaminas C e do complexo B. Para tanto, os sucos clorofilados contendo brotos, folhas verdes, cenoura, beterraba (com suas folhas) e limão são um excelente tratamento. Melado de cana ou mel de caju – apenas 1 colher de café – também podem ser acrescentados nesses sucos, por causa do elevado teor de ferro.

Angina do peito: O limão é muito eficiente neste tratamento. Fazer a Terapia Intensiva a cada três meses. Durante a terapia, fazer uso da Vitamina da Lua e nos intervalos ingerir o Suco de

Luz do Sol em jejum e os sucos desintoxicantes 2 vezes por dia, não se esquecendo de usar polpa e partes da casca do limão. Ver relato de caso em *Arteriosclerose*.

Ansiedade: Segundo a medicina aiurvédica, é benéfico tomar banho em água fria e praticar natação. Antes disso ou nas crises, ou seja, no dia a dia, tomar o Suco de Luz do Sol em jejum e a Vitamina da Lua 1 a 2 vezes por dia. Ver mais no Capítulo 7.

Antissépticos: Ideal fazer este tratamento à noite. Aplicar no local o suco fresco de limão. Após esse uso tópico, não tomar sol. Em caso de aplicar durante o dia, necessário antes realizar uma lavagem eficiente do local, eliminando todos os resíduos do suco, e, finalmente, aplicar um protetor solar.

Apetite, perda do: Esmagar rodelas de gengibre e salpicar 1 pitada de sal. Acrescentar suco fresco de 1 limão. Consumir essa mistura 1 hora antes das refeições durante oito dias. A liberação dos gases intestinais vai melhorar o apetite e o funcionamento do sistema digestório.

Arteriosclerose: O limão é muito útil para evitar e curar o endurecimento das artérias. Praticar a Terapia Leve do Limão de onze dias (ver Capítulo 7). Repousar dez dias e, em seguida, reiniciar a terapia, ou seja, um segundo e último ciclo de onze dias. Se desejar, repetir todo esse procedimento após três ou quatro meses. No intervalo deste tratamento, tomar diariamente, em jejum, o Suco de Luz do Sol e, ao longo do dia, 2 Vitaminas da Lua no intervalo das refeições principais. Colocar 3 gotas de OE de limão em cada um desses 3 sucos desintoxicantes, totalizando 9 gotas por dia. Ao final de três meses, interromper tratamento com o OE por um mês, porém seguir tomando os 3 sucos por dia, agora sem o OE. Repetir tratamento sempre alternando: três meses de sucos com OE (9 gotas por dia) e um mês de sucos sem OE. **Nota** – O uso interno de OEs sob automedicação é perigoso. Recomendo realizá-lo somente com o acompanhamento de um médico ou profissional competente. Ver formas seguras de consumo da casca do limão no Capítulo 6.

Artrite e doenças reumáticas: Reduzir o consumo exagerado de carnes e leguminosas. Terapia Intensiva do Limão a cada três meses e, durante e nos intervalos da Terapia, o consumo diário do Suco de Luz do Sol em jejum. Sugestões de sucos desintoxicantes: tomate, salsinha e limão; maçã, cenoura, limão e pepino; maçã, berinjela, alface e limão. Ver Capítulo 4 e *Gota*.

Asma e enfisema: Reduzir (idealmente zerar) o consumo de proteínas de origem animal. Nas crises, assar 1 limão no forno, espremer e misturar o suco com 1 colher (sopa) de mel. Tomar 1 colher de chá de hora em hora. Ver "Xarope Molotov", no Capítulo 8. *Prevenção* – Terapia Intensiva do Limão a cada três meses. No período em que é feita a terapia, tomar a Vitamina da Lua durante o dia. Nos intervalos da terapia, tomar diariamente, em jejum, o Suco de Luz do Sol.

Astenia e desmineralizações: Ver *Anemia*.

Aterosclerose e esclerose: Ver *Arteriosclerose*.

Azia crônica: Em jejum, após as atividades matinais de meditação, tomar o suco fresco de 1 limão diluído em ½ copo de água morna e 1 colher de chá de Pó Digestivo Chooran (Capítulo 8). Após as refeições principais, tomar o chá digestivo e desintoxicante.

Azia leve: Prevenção: Tomar o suco do limão bem diluído em água + 1 pitada de sal integral, sem açúcar, 2 a 3 vezes por dia, sempre uma hora após as refeições. *Na crise* – Espremer o suco de 1 limão em 1 copo de água fresca, acrescentar 1 pitada de sal integral e beber imediatamente.

Baço, distúrbios do: Tomar o suco de 1 limão com 1 pitada de sal integral regularmente, em jejum, durante cerca de quinze dias; trinta minutos antes das refeições, tomar o suco de 1 limão-taiti em ½ copo de água morna + 1 pitada de sal integral, durante cerca de quinze dias. Evitar frituras.

Bexiga, doenças da: Tomar 1 copo de água com o suco fresco de 1 limão + 1 pitada de sal integral, sem açúcar, várias vezes ao dia, inclusive de manhã em jejum. Em caso de cálculos, praticar a Terapia Intensiva do Limão, a cada três meses, porém evitar totalmente o consumo dessa fruta durante as crises. Em caso de inflamação, amassar 5 dentes de alho e colocar de molho no suco fresco de 1 limão. Tomar diluído em água, 2 vezes por dia.

Bócio: O consumo diário do limão, pelo seu teor de iodo, é um valioso auxiliar na prevenção e cura.

Busque saber mais sobre o Protocolo do Iodo.

https://www.docelimao.com.br/site/videodica/2654-protocolo-iodo.html

Bronquite crônica: Prevenção para ativar o sistema imunológico – Terapia Intensiva do Limão a cada três meses; nos intervalos da terapia, consumo diário do Suco de Luz do Sol em jejum e Vitamina da Lua 1 a 2 vezes ao longo do dia. Para tratar crises, "Xarope Molotov", no Capítulo 8.

Cãibra: Pode ser derivada de anemia, falta de potássio ou vitaminas do complexo B. As Terapias Leve e Intensiva do Limão podem tratar sua presença continuada. Suco de Luz do Sol em jejum, diariamente, é especialmente recomendado. Durante o dia, tomar a Vitamina da Lua 1 a 2 vezes.

Cálculos biliares: É fundamental conversar com um médico, pois o tamanho dos cálculos pode definir o melhor tratamento. O tratamento a seguir é bastante indicado para pequenos cálculos: tomar o suco de 2 limões, diariamente, diluídos em água, por vinte dias, de preferência pela manhã, em jejum. Tal tratamento vai descongestionar o fígado e a tendência é a dissolução dos cálculos. **Após os vinte dias** – Suco de Luz do Sol em jejum, diariamente, é especialmente recomendado. Durante o dia, tomar a Vitamina da Lua 1 a 2 vezes.

Cálculos renais: Praticar a Terapia da Limonada, diariamente, tomando o suco fresco de 1 limão diluído em 1 copo de água filtrada. O horário ideal é pela manhã, em jejum. Evitar o consumo do limão durante as crises, sejam provenientes de ataque nefrítico ou de cólicas renais. **Nota** – O limão só reduz os cálculos de oxalatos e uratos; os de fosfato de cálcio cedem somente de 20% a 25%. É fundamental conversar com um médico e acompanhar resultados dos exames.

Calo: Interromper por completo o uso de calçado apertado. Cortar rodelas grossas do limão, colocar sobre o calo, apertar bem com faixas ou ataduras e deixar agir durante toda a noite. Repetir por várias noites até a eliminação do calo.

Câncer ou cancro: *Prevenção* – Alimentação massivamente baseada em alimentos naturais, vegetais, frescos, crus e orgânicos, além do Suco de Luz do Sol tomado diariamente em jejum. *Tratamento* – Terapia Leve do Limão de três ou cinco dias a cada quinze ou trinta dias. Seguir com o Suco de Luz do Sol em jejum, diariamente. Durante o dia, tomar de 3 a 6 sucos desintoxicantes (100 ml a cada duas horas, por exemplo), sempre enriquecidos com ½ a 1 limão. Colocar ainda 3 gotas de OE de limão no liquidificador em 3 desses sucos desintoxicantes, totalizando 9 gotas por dia. Ao final de três meses, interromper tratamento com o OE por um mês, porém seguir tomando os sucos diariamente, agora sem o OE. Repetir tratamento sempre alternando: três meses de sucos com OE (9 gotas por dia) e um mês de sucos sem OE. **Nota** – O uso interno de OEs sob automedicação é perigoso. Recomendo realizá-lo somente com o acompanhamento de um médico ou profissional competente. Ver formas seguras de consumo da casca do limão no Capítulo 6. Observar, entretanto, as demais recomendações da equipe médica. Para tratamento aromaterápico, ver "Óleo imunoestimulante", no Capítulo 9, e o floral de ambiente (fórmula 1 – p. 187). Para tratamento com floral do limão (fantástico para dar sustentação no psicoemocional e espiritual), pingar 6 gotas sob a língua a cada duas horas. Ver mais sobre a doença no Capítulo 4.

Candidíase: Terapia Intensiva do Limão a cada três ou quatro meses. Nos intervalos, tomar diariamente, em jejum, o Suco de Luz do Sol e, ao longo do dia, 1 a 2 Vitaminas da Lua no intervalo das refeições principais. Evitar consumo de açúcar, laticínios e farinha branca. *Uso externo na prevenção e tratamento* – Sobre o local já higienizado e seco, aplicar com os dedos indicador e médio molhados no óleo regenerador celular e bactericida, massageando para favorecer a penetração dos ativos da fórmula. Aplicar sempre após o sexo.

Conheça o óleo regenerador celular e bactericida, ideal também para assepsia das genitálias.

https://www.docelimao.com.br/site/linhaca/2-limao/pratica/26-receitas-para-tratar-problemas-de-pele.amp.html

Caspa: Lavar o cabelo com o xampu neutro habitual. Enxugar a cabeça. Cortar 1 limão ao meio e esfregar sua polpa em todo o couro cabeludo. Deixar agir por trinta minutos. Enxaguar bem com água limpa. É opcional finalizar com um creme condicionador capilar.

Catarros: *Prevenção* – Terapia Intensiva do Limão. Durante a terapia, tomar a Vitamina da Lua no lanche da tarde. Após a terapia, tomar Suco de Luz do Sol em jejum, diariamente. *Crises* – Tomar chá de raiz de lótus com suco de limão em lugar de água, diariamente, até a limpeza total. Ver "Xarope Molotov", no Capítulo 8.

Caxumba (papeira): Tomar ao longo do dia a infusão preparada com 1 limão inteiro cortado em rodelas, 5 folhas de limoeiro e 2 L de água.

Cefaleias: Colocar compressas embebidas em suco fresco de limão na fronte e nas têmporas. *Prevenção* – Terapia Intensiva do Limão a cada três meses. Durante a terapia, tomar a Vitamina da Lua no lanche da tarde. Após a terapia, tomar Suco de Luz do Sol em jejum, diariamente. Ver *Dor de cabeça*.

Celulite: Ver receitas e dicas de tratamento nos Capítulos 8 e 9.

Cérebro, doenças do: Suco de Luz do Sol em jejum, todos os dias, é especialmente recomendado. Durante o dia, tomar a Vitamina da Lua 1 a 2 vezes. Este tratamento também é indicado em casos de hipertensão, quando o sangue está mais viscoso e ácido, e a mente se congestiona facilmente. Em caso de derrame cerebral, algumas vezes fatais, este tratamento com o limão vai ajudar na dissolução da embolia e aumentar as defesas do organismo.

Cirrose: É possível alcançar a cura, quando diagnosticada a tempo. Bebidas alcoólicas, café, fumo, chá preto, alimentos gordurosos e muito condimentados devem ser abolidos. Suco de Luz do Sol em jejum, diariamente, é especialmente recomendado. Durante o dia, tomar a Vitamina da Lua 1 a 2 vezes por dia, no intervalo das refeições principais. Ver *Fígado*.

Colelitíase: Tomar suco fresco de limão diluído em 1 copo de água + 1 pitada de sal integral, sem açúcar, várias vezes ao dia, inclusive de manhã, em jejum.

Colesterol e triglicérides: O limão depura o sangue. Terapia Intensiva do Limão a cada três meses é indicada. Nos intervalos, tomar Suco de Luz do Sol em jejum, todos os dias, é especialmente recomendado. Durante o dia, tomar a Vitamina da Lua 1 a 2 vezes, no intervalo das refeições principais. Ver formas seguras de consumir a casca do limão no Capítulo 6. Ver *Aterosclerose*.

Cólica hepática: Tomar o suco fresco de 1 limão diluído em 1 copo de água + 1 pitada de sal integral, 3 vezes ao dia. Jamais adoçar.

Colites: Ralar a casca de 1 limão e fervê-la em 1 L de água. Tomar 2 a 3 vezes por dia, sem açúcar. Tomar 1 copo de água fresca com o suco de ½ limão + 1 pitada de sal integral, 3 vezes ao longo do dia.

Congestão cerebral: Para afinar o sangue, praticar a Terapia Intensiva do Limão a cada três meses. Nos intervalos, tomar Suco de Luz do Sol em jejum, todos os dias, é especialmente recomendado. Durante o dia, tomar a Vitamina da Lua 1 a 2 vezes por dia, no intervalo das refeições principais. Trabalhar aromatização ambiental e massagens corporais com o OE da flor da noite e OE de limão. Ver como aplicar no Capítulo 7, em "O limão via aromaterapia".

Conjuntivite: *Tratamento moderado* – Banhar os olhos de manhã, ao levantar-se, com água acidulada com algumas gotas de limão. Ver "Colírio homeopático", no Capítulo 9. *Tratamento direto* – Pingar 1 gota de suco fresco do limão diretamente nos olhos. Já diz o ditado: "o que arde cura". Tal procedimento tonifica toda a musculatura ocular, além de suas ações cicatrizante, bactericida e desintoxicante (limpeza). Basta 1 gota em cada olho. Sentado confortavelmente, com um guardanapo de papel limpo na mão, pingar 1 gota do suco fresco, diretamente da fruta recém-aberta, em um dos olhos. Cubra com o guardanapo e aguarde os vinte segundos de ardor (totalmente suportável). Repita o procedimento para o outro olho. Lavar bem o rosto e não tomar sol por pelo menos uma hora, para evitar manchar o rosto. *Cuidados importantes* – O limão precisa estar maduro, ser limão de época (de safra), ser de cultura orgânica ou do quintal, estar bem higienizado com água filtrada e seco numa toalha limpa de algodão. Usar faca também higienizada.

Constipação: O limão é um laxante suave, que, por ser também adstringente, trata problemas de fermentação e gases. Tomar

Suco de Luz do Sol em jejum, todos os dias, é especialmente recomendado. Durante o dia, tomar a Vitamina da Lua 1 a 2 vezes, no intervalo das refeições principais. Uma opção, principalmente em caso de viagem, é tomar o suco fresco de 1 limão com ½ copo de água morna + 1 pitada de sal integral, em jejum, diariamente. Segundo a medicina aiurvédica, este tratamento pode até curar a prisão de ventre.

Coqueluche: Preparar xarope com 1 limão inteiro, 1 colher de sopa de mel e 1 xícara (chá) de água. Cozinhar em fogo lento até a consistência de xarope. Tomar 1 colher de sobremesa a cada 30 minutos.

Coração, doenças do: Especialmente para as enfermidades ateroscleróticas, indica-se o uso regular do limão, que purifica e fluidifica o sangue, além de dissolver gorduras, tratando todo o sistema cardiovascular. Terapia Intensiva do Limão a cada três ou quatro meses. Nos intervalos da terapia, tomar Suco de Luz do Sol em jejum, diariamente. Durante o dia, tomar a Vitamina da Lua 1 a 2 vezes, no intervalo das refeições principais, e sucos desintoxicantes diariamente, em jejum, enriquecidos com 1 a 2 limões. Ver *Aterosclerose*.

Corrimentos vaginais: Pode ser sinal de IST, portanto minha recomendação é procurar um médico imediatamente. Nos cinco primeiros dias logo após o final da menstruação, embeber um chumaço de algodão em suco fresco de ½ limão e aplicar dentro da vagina, retirando o algodão imediatamente após a aplicação; ou realizar banhos de assento de vinte minutos, diluindo o suco fresco de 1 limão na água do banho. Este tratamento deve durar três semanas, com uma pausa durante a menstruação. *Tratamento interno* – Terapia Intensiva do Limão a cada três ou quatro meses e, nos intervalos da terapia, o consumo diário dos sucos desintoxicantes enriquecidos com 1 a 2 limões-taiti.

Couro cabeludo e fragilidade capilar: O suco de limão contém vitaminas C e P, que o tornam um efetivo tratamento para a fragilidade capilar. ***Uso sistêmico*** – Terapia Intensiva do Limão a cada três meses. Nos intervalos, tomar o Suco de Luz do Sol em jejum, diariamente, e a Vitamina da Lua 1 a 2 vezes por dia, no intervalo das refeições principais. Limão e linhaça são uma dobradinha perfeita para tratar problemas de pele. ***Uso tópico*** – Partir 1 limão ao meio e friccionar seu suco na raiz dos cabelos, após a lavagem com um xampu neutro. Deixar agir por trinta minutos. Enxaguar bem e, opcionalmente, aplicar o condicionador. ***Para limpar e dar brilho*** – Colocar uma porção de xampu neutro na palma da mão e pingar 2 a 3 gotas de OE de cedro, para cabelos secos, ou OE de limão, para cabelos oleosos ou com caspa. Massagear bem o couro cabeludo e enxaguar. Ver receita "Tônico capilar e antiqueda + brilho nos cabelos", no Capítulo 9.

Dermatites, prurido, eczema e despigmentação: *Uso sistêmico* – Vitamina da Lua pela manhã em jejum e à tarde, pois a sinergia limão-linhaça é excelente para tratar todos os problemas de pele. ***Uso tópico*** – Banhar a área com o suco fresco de limão diluído em igual volume de água pura, uma ou mais vezes por dia. Após o uso tópico de qualquer suco cítrico, não pegar sol. Necessário, antes, realizar uma lavagem eficiente do local, eliminando todos os resíduos do suco e, finalmente, aplicar um protetor solar.

Dermatoses (erupções e furúnculos), feridas infectadas e picadas de inseto: Ver *Dermatites, prurido, eczema e despigmentação*.

Derrame: Suco de Luz do Sol em jejum, diariamente, é especialmente recomendado. Durante o dia, tomar a Vitamina da Lua 1 a 2 vezes no intervalo das refeições principais. Este tratamento também é indicado em casos de hipertensão, quando o sangue está mais viscoso e ácido, e a mente se congestiona facilmente. Em caso de derrame cerebral, algumas vezes fatais, este tratamento com o limão vai ajudar na dissolução da embolia e aumentar as defesas do organismo. Fazer uso dos florais de ambiente e do floral do limão é indicado para acelerar a possível recuperação.

Desânimo: Tomar Suco de Luz do Sol em jejum, diariamente, contendo 6 folhas frescas de capim-limão, ½ xícara (chá) de folhas de hortelã, além da couve e demais ingredientes da receita. O capim-limão tem ação relaxante e calmante. A hortelã é digestiva e auxilia em perturbações nervosas. Indicado também para gestantes e lactantes.

Desintoxicar o sangue, órgãos e sistemas: Iniciar com a Terapia Leve do Limão e prosseguir com a Terapia Intensiva, a cada três meses. Suco de Luz do Sol em jejum, diariamente, e Vitamina da Lua 1 a 2 vezes por dia, no intervalo das refeições principais. Ler meu livro *Alimentação desintoxicante* será fundamental.

Diabetes melito: Alimentação rica em frutas silvestres (pouco doces), hortaliças, legumes e brotos frescos e crus é o mais recomendável. São indicadas a Terapia Leve e Intensiva do Limão de sete dias a cada três meses. Nos intervalos da terapia, Suco de Luz do Sol em jejum, diariamente, e Vitamina da Lua 1 a 2 vezes por dia, no intervalo das refeições principais.

Diarreia, disenteria e febre tifoide: Cuidados médicos são indispensáveis, principalmente no case de crianças. Cortar 3 limões médios (inteiros) em fatias finas; colocar em ½ L de água e levar ao fogo. Deixar ferver até que a água reduza a $1/3$. Tomar ½ xícara (chá) de hora em hora até cessarem as cólicas.

Difteria: Cuidados médicos são indispensáveis. Tomar água com suco fresco de 1 limão sem açúcar + 1 pitada de sal integral, várias vezes ao dia, inclusive de manhã, em jejum. Fazer gargarejos com suco fresco de limão diluído em igual volume de água morna. Outra recomendação é ingerir de hora em hora o suco fresco de 1 alho (deixar macerado dentro do suco do limão por 10 minutos) e 1 limão diluídos em água.

Digestão: O limão tem grande valor medicinal quando a sua casca é transformada em picles (ver receita no Capítulo 8). Em todos os distúrbios estomacais, os picles podem ser usados como remédio caseiro, cujo valor medicinal aumenta à medida que eles maturam. Os picles estimulam as papilas e ativam a formação de suco digestivo e de saliva. Ideal ingerir junto com a refeição do meio-dia. O Chooran é um pó usado pela medicina aiurvédica para tratar o sistema digestório (ver receita no Capítulo 8). *Outra sugestão* – Espremer o suco de 1 limão num copo de água morna. Acrescentar 1 pitada de sal marinho e beber 30 minutos antes ou após as refeições. Cada pessoa verá qual momento lhe proporciona melhor resultado.

Disfunção erétil e impotência: Caso não haja sequelas irreversíveis, avaliadas por exames e um profissional competente, hábitos diários de alimentação saudável vão sanar tais disfunções. Tomar Suco de Luz do Sol em jejum, diariamente, e a Vitamina da Lua 1 a 2 vezes por dia, no intervalo das refeições principais. Colocar 3 gotas de OE em cada um desses 3 sucos desintoxicantes, totalizando 9 gotas por dia. Ao final de três meses, interromper tratamento com o OE por um mês, porém seguir tomando os 3 sucos por dia, agora sem o OE. Repetir tratamento sempre alternando: três meses de sucos com OE (9 gotas por dia) e um mês de sucos sem OE. Nota: O uso interno de OEs sob automedicação é perigoso. Recomendo realizá-lo somente com o acompanhamento de um médico ou profissional competente. Ver formas seguras de consumo da casca do limão no Capítulo 6.

Dispepsia gotosa: Para ativar a digestão, tomar o suco fresco de ½ limão diluído em ½ copo de água + 1 pitada de sal integral, sem açúcar, 1 hora antes das refeições. Ver *Digestão*.

Distúrbios estomacais: Segundo a medicina aiurvédica, para tratar todo tipo de indisposição estomacal ou indigestão, tomar o suco fresco de 1 limão em 1 copo cheio de água morna + 1 pitada de sal integral e 1 pitada de pimenta-do-reino preta moída na hora. Para evitar todos os distúrbios estomacais, ingerir diariamente um pedaço de picles indiano de limão junto com a refeição do meio-dia. Ver *Digestão*.

Doenças infecciosas: É indicado o consumo do limão como coadjuvante no tratamento de todas as doenças infecciosas, como de mononucleoses, leucocitoses, blenorragias, sífilis etc., pois ele ativa o sistema imunológico. Tomar Suco de Luz do Sol em jejum, diariamente, e Vitamina da Lua 1 a 2 vezes por dia, no intervalo das refeições principais. Consumir com frequência semanal esses sucos, enriquecidos com 1 inhame branqueado no vapor por trinta segundos.

Dor de cabeça: Pode ser proveniente de diversos males; portanto, o acompanhamento de um médico é fundamental. No entanto, a fluidificação e desintoxicação do sangue e sistema hepático podem prevenir e tratar. Suco de Luz do Sol em jejum, todos os dias, é especialmente recomendado. Durante o dia, tomar a Vitamina da Lua 1 a 2 vezes. Juntar sementes de limão, laranja e mexerica previamente bem secas ao sol para que não criem fungos. Moer e preparar um chá com 1 pitada desse pó em 1 xícara (chá) de água quente. Tomar trinta minutos antes das refeições.

Excesso de gordura corporal: Tomar Suco de Luz do Sol em jejum, diariamente, e Vitamina da Lua 1 a 2 vezes por dia (ou suco fresco de 1 limão diluído em 1 copo de água morna + 1 pitada de sal integral), trinta minutos antes das refeições. Ver em receitas uso interno e uso externo nos Capítulos 8 e 9 respectivamente.

Enfarte, tromboses e embolias: *Prevenção* – Fundamental fluidificar e desintoxicar o sangue. Terapia Intensiva do Limão a cada três meses. Ver *Aterosclerose*.

Engravidar: Caso não haja problemas fisiológicos irreversíveis, avaliados por exames e um profissional competente, hábitos diários de alimentação saudável vão ajudar na qualidade da fecundação e gestação. Tomar Suco de Luz do Sol em jejum, diariamente, e Vitamina da Lua 1 a 2 vezes por dia, no intervalo das refeições principais.

Enjoos, náuseas e vômitos: Um recurso de grande valor para combater náuseas e vômitos é a limonada. Quando na rua ou em trânsito, cheirar um limão partido ao meio ou então colocar na boca algumas rodelas da fruta. Quando há formação de muita bílis, com vômitos amargos, tomar o suco fresco de 1 limão diluído com água + 1 pitada de sal integral e gotas de mel, 3 vezes ao dia. *Para todos os tipos de náusea* – Cortar 1 limão ao meio e aquecer as 2 metades com a parte aberta sobre uma frigideira, aquecendo-as até que ferva o suco dentro da fruta. Salpicar sal marinho sobre uma das metades e mel sobre a outra e chupar o suco de ambas. As sementes do limão podem ser usadas especificamente para curar náuseas, quando os vômitos se repetem apesar de diversos medicamentos. Esmagar num pilão algumas sementes de limão fresco, sem pele, até formar uma pasta fina. Misturar com 1 colher (chá) de mel e ingerir.

Envenenamento: Inclusive com soda cáustica ou potassa cáustica. Tomar o suco fresco e puro de 1 ou mais limões, com canudo. Em caso de convulsões, administrar 2 colheres (chá) do suco fresco do limão, em 30 minutos. Em caso de envenenamento por narcóticos, o suco é eficaz para dissipar o torpor.

Enxaqueca: Tomar o suco fresco de ½ limão diluído em um chá quente, diariamente, 1 hora antes das refeições. *Na crise* – Terapia Leve do Limão de três ou cinco dias, para realizar uma limpeza e fluidificação do sangue. Aplicar nas têmporas, com movimentos circulares, a mistura de 1 gota de OE de limão com 1 gota de OE de bergamota. *Equilibrar o emocional* – Ver "O limão na aromaterapia", "O floral do limão" e "O verde-limão na cromoterapia", no Capítulo 7.

Escleroses: Ver *Aterosclerose* e *Coração*.

Escorbuto: Tomar sucos desintoxicantes diários enriquecidos com 1 limão e outras frutas cítricas, além de folhas verdes como couves, ramas (beterraba, cenoura e nabo), espinafres e bertalhas.

Estômago, dor de: Adicionar 1 colher de café do Pó Digestivo Chooran (ver Capítulo 8) sobre um copo de água morna.

Espremer suco fresco de ½ limão e beber imediatamente. Ver *Digestão*.

Estomatite: Bochechar com água e suco de limão várias vezes ao dia. Tomar 2 a 3 vezes ao dia um copo de água com o suco fresco de ½ limão + 1 pitada de sal integral (sem açúcar). Ver Beberagens matinais: Capítulo 8 – p. 158.

Estresse/relaxamento: Tomar várias vezes ao dia sucos clorofilados enriquecidos com 1 limão (polpa e raspas da casca) e folhas verdes como couves e alfaces. Chá de alface (talos e as folhas) com gotas de suco de limão, durante o dia. Ver "O limão na aromaterapia" e "O verde-limão na cromoterapia", no Capítulo 7.

Faringite: Gargarejar, 4 vezes por dia, com o suco fresco de 1 limão diluído em 1 copo de um chá forte de orégano ainda morno.

Febre: A) Cortar 3 limões médios inteiros (com casca) em fatias finas. Pôr em ½ L de água e levar ao fogo. Deixar ferver até que a água reduza a 1/3. Tomar ½ xícara (chá) a cada hora até que passe a febre; ou B) Chá de folhas e cascas do limão. Juntar o seu suco fresco e tomar ½ xícara (chá) a cada hora até o fim dos sintomas.

Febre tifoide: Ver *Febre*.

Feridas: Colocar num recipiente 1 colher (chá) de suco de limão e 2 colheres (sopa) de mel. Misturar bem. À noite, lavar áreas do corpo afetadas, enxugar bem e aplicar a mistura com o auxílio de um cotonete ou pincel. Esperar (sopa) minutos e tornar a lavar a região com bastante água à temperatura ambiente.

Fermentação gastrintestinal: O limão trata problemas de fermentação e gases, pois é um agente digestivo e carminativo, laxante suave e agente desintoxicante. Tomar ½ copo de água com o suco fresco de 1 limão + 1 pitada de sal integral, várias vezes ao dia, sem açúcar, inclusive de manhã em jejum. Ver *Digestão*.

Fígado (insuficiência hepática e pancreática, icterícia e congestão hepática): Tomar Suco de Luz do Sol pela manhã em jejum. Tomar o suco fresco de 1 limão diluído em 1 copo de água + 1 pitada de sal integral, 2 vezes por dia, uma hora após as refeições.

Flatulência: Ver *Fermentação gastrintestinal*.

Flebite e varizes: *Uso tópico* – À noite, massagear o local afetado com óleo especial para problemas de pernas e varizes (ver receita no Capítulo 9). *Uso sistêmico* – Terapia Intensiva do Limão a cada três ou quatro meses. No intervalo deste tratamento tomar diariamente, em jejum, o Suco de Luz do Sol e, ao longo do dia, 2 Vitaminas da Lua no intervalo das refeições principais. Colocar 3 gotas de OE de limão em cada um desses 3 sucos desintoxicantes, totalizando 9 gotas por dia. Ao final de três meses, interromper tratamento com o OE por um mês, porém seguir tomando os 3 sucos por dia, agora sem o OE. Repetir tratamento sempre alternando: três meses de sucos com OE (9 gotas por dia) e um mês de sucos sem OE. **Nota** – O uso interno de OEs sob automedicação é perigoso. Recomendo realizá-lo somente com o acompanhamento de um médico ou profissional competente. Ver formas seguras de consumo da casca do limão no Capítulo 6.

Fraqueza: Ver *Astenia* e *Anemia*.

Frieira: Friccionar o local afetado com suco fresco de limão, 1 a 2 vezes por dia, até desaparecerem os sintomas. Após este procedimento, não pegar sol. Necessário antes realizar uma lavagem eficiente do local, eliminando todos os resíduos, e, finalmente, aplicar um protetor solar.

Furúnculo: Chá de folhas e fruta inteira do limoeiro. Tomar 4 vezes por dia. Cataplasma local de inhame cru ralado por uma hora, 4 vezes por dia.

Garganta: Ver *Amidalite* e *Faringite*.

Gases: Ver *Flatulência*.

Gastrenterite: Tomar o suco fresco de 1 limão diluído em 1 copo de água + 1 pitada de sal integral, sem açúcar, 2 a 3 vezes por dia, 1 hora após as refeições.

Gastrites, dispepsias e aerofagias: O OE das frutas cítricas, rico em d-limoneno, apresenta ação gastroprotetora. *Uma dica prática* – Mastigar finas lascas da casca do limão. Tomar diariamente, em jejum, o Suco de Luz do Sol batido com 3 gotas de OE de limão. Ao final de três meses, interromper tratamento com o OE por um mês, porém seguir tomando o suco diariamente, agora sem o OE. Repetir tratamento sempre alternando: três meses de suco com OE (3 gotas por dia) e um mês de suco sem OE. *Nota* – O uso interno de OES sob automedicação é perigoso. Recomendo realizá-lo somente com o acompanhamento de um médico ou profissional competente. Ver formas seguras de consumo da casca do limão no Capítulo 6. Ver *Digestão*.

Gengivite, piorreia e alvéolo dental: Bochechar por 1 a 2 minutos, diariamente pela manhã e à noite, com o "Elixir para gengiva e mau hálito" (ver Capítulo 9). *Sangramentos* – Fazer gargarejo com 1 gota de OE de limão em ½ copo de água gelada para eliminar o sangramento da gengiva ocasionado por gengivite ou extração de dente.

Glaucoma e hipertensão ocular: Terapia Intensiva do Limão a cada três meses. No intervalo da terapia tomar diariamente, em jejum, o Suco de Luz do Sol e, ao longo do dia, 2 Vitaminas da Lua no intervalo das refeições principais. Caprichar no consumo de cenoura e outros alimentos ricos em caroteno, como manga e folhas verde-escuras.

Gota: Altamente indicada a Terapia Intensiva do Limão a cada três meses. No intervalo da terapia, tomar diariamente, em jejum, o Suco de Luz do Sol. Ver Capítulo 4 e "A Terapia Intensiva do Limão (TIL)", no Capítulo 7.

Gripes e resfriados: *Na crise* – Assar um limão no forno. Espremer e misturar o suco com igual volume de mel. Tomar 1 colher de chá de hora em hora. **Na prevenção** – Terapia Intensiva do Limão a cada três meses. No intervalo tomar diariamente, em jejum, o Suco de Luz do Sol.

Halitose: Tomar diariamente, em jejum, o Suco de Luz do Sol e, ao longo do dia, a Vitamina da Lua. Fazer bochechos, como indicado em *Gengivite*.

Hemorragias externas: O limão é um adstringente natural e poderoso para deter hemorragias em cortes e escoriações. Banhar a área com suco fresco de limão diluído em água filtrada e aguardar total parada do sangramento. *Cuidado* – Para evitar manchas e até queimaduras, não se expor ao sol até que a área tenha sido muito bem lavada, eliminando todo o vestígio do suco sobre a pele.

Hemorragias internas e hemofilia: Tomar ½ copo de suco fresco de 1 limão + 1 pitada de sal integral, em jejum, diariamente, até o fim dos sintomas.

Hemorragia nasal: Ver *Sinusite*.

Hemorroidas: *Prevenção* – Terapia a Intensiva do Limão a cada três meses. No intervalo da terapia, tomar diariamente, em jejum, o Suco de Luz do Sol e, ao longo do dia, a Vitamina da Lua. *Uso tópico, prevenção e tratamento* – Sobre o local já higienizado e seco, aplicar com os dedos indicador e médio molhados no óleo regenerador celular e bactericida (ver Capítulo 9), massageando para favorecer a penetração dos ativos da fórmula. Aplicar sempre após evacuações.

Hepatite: Tomar diariamente, em jejum, o Suco de Luz do Sol e, ao longo do dia, 2 Vitaminas da Lua no intervalo das refeições principais. O consumo de 3 limões por dia será fundamental para auxiliar o sistema hepático na sua pronta recuperação.

Herpes: *Prevenção* – Fortalecer o sistema imunológico tomando diariamente, em jejum, o Suco de Luz do Sol e, ao longo do dia, 1 a 2 Vitaminas da Lua no intervalo das refeições principais. **Na crise** – Aplicar o remédio para herpes (ver Capítulo 9), a cada duas ou três horas, até finalizar a crise.

Hidropisia: Tomar água com suco fresco de limão + 1 pitada de sal integral, várias vezes ao dia, sem açúcar, inclusive de manhã, em jejum.

Hipertensão arterial: O limão purifica e fluidifica o sangue. Tomar suco fresco de 1 limão diluído em 1 copo de água + 1 pitada de sal integral, sem açúcar, várias vezes ao dia, inclusive de manhã, em jejum. Iniciar com a Terapia Leve do Limão e prosseguir com a Terapia Intensiva do Limão, a cada três meses. No intervalo da terapia tomar diariamente, em jejum, o Suco de Luz do Sol e, ao longo do dia, 2 Vitaminas da Lua no intervalo das refeições principais. Ideal fazer uso da casca do limão nesses sucos. Ver formas seguras de consumo da casca do limão no Capítulo 6.

Icterícia: O suco de limão estimula a secreção e eliminação da bílis do organismo. Tomar o suco fresco de 1 limão diluído em 1 copo de água morna + 1 pitada de sal integral, diariamente, em jejum. *Segundo a medicina aiurvédica* – Misturar 1 colher (sopa) de glicose pura (nunca o açúcar refinado comum) ao suco fresco de 1 limão em 1 copo de água morna. Essa bebida será especialmente benéfica ao fígado e aos rins. Deve ser tomada de 16 a 30 vezes ao dia, enquanto os sintomas persistirem.

Impaludismo: Cortar 3 limões médios inteiros (com casca) em fatias finas. Adicionar sobre ½ L de água e levar ao fogo. Deixar ferver até que a água reduza a $1/3$. Tomar ½ xícara (chá) de hora em hora até que passe a febre. Em paralelo, tomar diariamente o suco fresco de 1 a 2 limões, uma hora após as refeições.

Impotência: Ver *Disfunção erétil e impotência*.

Inchaço: Pode ser uma retenção de líquidos local ou generalizada. Procurar um médico para determinar a causa. Tomar o suco fresco de 1 limão diluído em 1 copo de água + 1 pitada de sal integral, 4 vezes ao dia. O consumo de sucos desintoxicantes em paralelo também é recomendável.

Infecção estomacal: Colocar toda a casca (picada) de 1 limão em 3 xícaras (chá) de água e deixar ferver por três minutos. Coar e esperar que esfrie. Tomar 1 xícara desse chá, 2 a 3 vezes por dia.

Infecções em geral: *Prevenção* – Terapia Intensiva do Limão a cada três meses. No intervalo da terapia, tomar diariamente, em jejum, o Suco de Luz do Sol e, ao longo do dia, 2 Vitaminas da Lua no intervalo das refeições principais. *Na crise* – Seguir com a ingestão diária dos sucos.

Infecções pulmonares, tuberculose pulmonar e óssea, bronquite crônica: *Prevenção* – Terapia Intensiva do Limão a cada três meses. No intervalo da terapia, tomar diariamente, em jejum, o Suco de Luz do Sol e, ao longo do dia, 2 Vitaminas da Lua no intervalo das refeições principais. Ver "Xarope Molotov", no Capítulo 8.

Ínguas: Inflamação dos gânglios linfáticos que surgem em consequência de alguma infecção próxima às axilas, virilhas ou pescoço. Procurar um médico para combater a infecção. Praticar a Terapia Leve ou Intensiva do Limão de sete dias para desintoxicar e fortalecer o sistema imunológico.

Intestino preso: Ver *Constipação*.

Leucemia: Ver *Câncer ou cancro*.

Linfatismo: Terapia Intensiva do Limão a cada quatro meses. Nos intervalos desta terapia, tomar diariamente, em jejum, o Suco de Luz do Sol e o suco fresco de 1 limão diluído em 1 copo de água + 1 pitada de sal integral, sem açúcar, várias vezes ao dia.

Lúpus: Aromatizar ambientes com o OE de limão para harmonizar o sistema imunológico. *Preparo* – Adicionar sobre 100 ml de álcool de cereais 10 gotas de OE de limão e 10 gotas do floral do limão (ver Capítulo 7). Pulverizar na casa diariamente.

Malária: Instala-se um processo febril e estado de extrema fraqueza. Fundamental procurar ajuda médica. Uma vez identificada a doença, a pessoa deve praticar um jejum de sete a oito dias somente com alimentos líquidos na forma dos sucos desintoxicantes. Tomar o suco fresco de 1 limão diluído em 1 copo de água + 1 pitada de sal integral, a cada duas horas.

Manchas na pele: Rosto, virilhas, axilas, corpo em geral. Nem sempre é garantido 100% de resultado. Ver receitas antimanchas e cuidados no Capítulo 9. Ver *Pele*.

Mau hálito: Ver *Gengivite*.

Mau humor: Ver "O limão na aromaterapia", "O floral do limão" e "O verde-limão na cromoterapia", no Capítulo 7.

Menopausa: É preciso hidratação e harmonização dos hormônios. Cortar açúcar e farinha branca será determinante. Terapia Intensiva do Limão a cada três meses. No intervalo da terapia, tomar diariamente, em jejum, o Suco de Luz do Sol e, ao longo do dia, 2 Vitaminas da Lua no intervalo das refeições principais. Ver óleos de massagem para evitar pele ressecada no Capítulo 9.

Micose de unha: Terapia Intensiva do Limão a cada três meses. No intervalo da terapia, tomar diariamente, em jejum, o Suco de Luz do Sol e, ao longo do dia, 2 Vitaminas da Lua no intervalo das refeições principais. *Para prevenir e tratar* – Aplicar óleo regenerador celular (ver Capítulo 9) várias vezes ao dia. *Dica* – Usar este óleo toda vez que extrair cutículas: antes e depois.

Náuseas: Ver *Enjoos, náuseas e vômitos*.

Nefrite e nefrolitíase: Tomar o suco fresco de 1 limão diluído em 1 copo de água + 1 pitada de sal integral, várias vezes ao dia, inclusive de manhã, em jejum. Ler sobre rins no Capítulo 4.

Nevralgia: Friccionar a parte dolorida com as metades de 1 limão previamente aquecido. Após esse procedimento, não pegar sol. Necessário antes realizar uma lavagem eficiente do local, eliminando todos os resíduos do tratamento, e, finalmente, aplicar um protetor solar.

Obesidade e disfunções metabólicas: Terapia Intensiva do Limão a cada três meses. Nos intervalos da terapia tomar diariamente, em jejum, o Suco de Luz do Sol e, ao longo do dia, 2 Vitaminas da Lua, trinta minutos antes das refeições principais. Consumir diariamente chás desintoxicantes (ver Capítulo 8) após as refeições principais. Ver emagrecer.

Osteoporose e descalcificações: Terapia Intensiva do Limão a cada três meses. No intervalo da terapia tomar diariamente, em jejum, o Suco de Luz do Sol e, ao longo do dia, 2 Vitaminas da Lua, no intervalo das refeições principais.

Otite: Ver *Sinusite*.

Palpitações: Tomar, diariamente, ½ copo de suco fresco de limão diluído em igual volume de água + 1 pitada de sal integral.

Parasitas intestinais: Ralar a casca de 1 limão e fervê-la em 1 L de água. Tomar este chá 3 vezes ao dia até perceber a eliminação dos parasitas. A semente do limão é laxativa. Colocar 15 a 20 sementes moídas num recipiente escuro contendo 250 ml de vinho tinto suave ou seco. Deixar em infusão por um mínimo de sete dias. Tomar 1 colher de sobremesa diluída em um copo de água, em jejum, até perceber a eliminação dos parasitas.

Pele, beleza da: A sinergia limão-linhaça é ideal para tratar problemas de pele. Terapia Intensiva do Limão a cada três meses. No intervalo da terapia, tomar diariamente, em jejum, o Suco de Luz do Sol e, ao longo do dia, 1 a 2 Vitaminas da Lua no intervalo das refeições principais. ***Sauna facial*** – Ajuda a retirar o excesso de oleosidade e tonificar a pele. Em uma tigela com

2 L de água quente, juntar 3 gotas de OE de limão. Colocar o rosto bem próximo e cobrir a cabeça com uma toalha para concentrar os vapores. Ver receitas antimanchas no Capítulo 9.

Pés e pernas doloridos: Automassagem local para ativar a circulação sanguínea. Ver receita de óleo de massagem para pernas no Capítulo 9. ***Escalda-pés noturno para relaxar a musculatura*** – Em uma bacia com água quente, acrescentar 3 gotas de OE de limão (tira a dor e ativa a circulação), 3 gotas de OE de alecrim (tonifica e melhora o humor), 3 gotas de OE de lavanda (relaxa), 1 colher (sopa) de sal grosso e 1 colher (sopa) de bicarbonato de sódio. Permanecer por vinte minutos com os pés totalmente submersos. Enxugar e ir direto para a cama para evitar friagem.

Piolho: Impregnar a cabeça com o suco fresco de 1 limão e ½ colher de chá de sal diluídos em ½ copo de água morna. Colocar uma touca e deixar agir por trinta minutos. Lavar com xampu ou sabonete neutro.

Piorreia: Bochechar diariamente pela manhã com o suco fresco de 1 limão diluído em igual volume de água. Tomar, 2 a 3 vezes ao dia, um copo de água com o suco fresco de ½ limão + 1 pitada de sal integral. Ver *Gengivite*.

Pneumonia: Tomar diariamente, em jejum, o Suco de Luz do Sol e, ao longo do dia, 1 a 2 Vitaminas da Lua no intervalo das refeições principais. Para tratar e prevenir, ver "Xarope Molotov", no Capítulo 8.

Prisão de ventre: Ver *Constipação*.

Problemas ginecológicos e alterações da menstruação: Ver *Corrimentos vaginais*.

Problemas respiratórios: Fundamental fortalecer o sistema imunológico e ativar as várias vias de desintoxicação. ***Prevenção*** – Terapia Intensiva do Limão a cada três meses e, nos intervalos da terapia, tomar diariamente, em jejum, o Suco de Luz do Sol e, ao longo do dia, 1 a 2 Vitaminas da Lua no intervalo das refeições principais. Fazer uso da aromaterapia e do floral do limão (ver Capítulo 7 e receitas no Capítulo 8) vai ajudar no tratamento das causas de origem emocional, psicológica e espiritual.

Psoríase: Fundamental fortalecer o sistema imunológico. Terapia Intensiva do Limão a cada três meses e, nos intervalos, tomar diariamente, em jejum, o Suco de Luz do Sol e, ao longo do dia, 1 a 2 Vitaminas da Lua no intervalo das refeições principais. Ver *Sistema imunológico*.

Purificar o sangue: Ver *Desintoxicar o sangue, órgãos e sistemas*.

Queda de cabelo: Ver *Couro cabeludo e fragilidade capilar*.

Raquitismo: Terapia Intensiva do Limão a cada três meses e, nos intervalos, tomar diariamente, em jejum, o Suco de Luz do Sol e, ao longo do dia, 1 a 2 Vitaminas da Lua no intervalo das refeições principais.

Relaxar: Encher a banheira com água quente e pingar 10 gotas de OE de lavanda, 10 gotas de OE de gerânio e muitas folhas e flores de limoeiro. Permanecer por dez a vinte minutos. Ver mais receitas no Capítulo 9.

Reumatismo: Ver *Artrite*.

Rins, cistite: Tomar diariamente, em jejum, o Suco de Luz do Sol e, ao longo do dia, 1 a 2 Vitaminas da Lua no intervalo das refeições principais. Ver Terapia da Limonada em *Cálculos renais*.

Rinite: Fundamental fortalecer o sistema imunológico e facilitar a excreção por todas as vias de desintoxicação. Terapia Intensiva do Limão a cada três meses e, nos intervalos, tomar diariamente, em jejum, o Suco de Luz do Sol e, ao longo do dia, 1 a 2 Vitaminas da Lua no intervalo das refeições principais. Pulverizar o floral de ambiente para problemas respiratórios na casa, 1 a 2 vezes por semana, principalmente em cantos, sobre tecidos, sofás, camas, armários etc. Ver *Sistema imunológico*.

Rouquidão e afonia: Gargarejar, várias vezes ao dia, com o suco fresco de limão diluído com igual volume de água morna + 1 pitada de sal integral.

Sífilis: Terapia Intensiva do Limão a cada três meses; nos intervalos, tomar diariamente, em jejum, o Suco de Luz do Sol e, ao longo do dia, 1 a 2 Vitaminas da Lua no intervalo das refeições principais. Ver *Aids e ISTs*.

Sinusite, hemorragia nasal: Terapia Intensiva do Limão a cada três ou quatro meses. Nos intervalos, tomar diariamente, em jejum, o Suco de Luz do Sol e, ao longo do dia, 1 a 2 Vitaminas da Lua no intervalo das refeições principais. *Uso externo* – Lavagem das vias nasais com água filtrada acidificada com gotas de suco fresco de limão.

Sistema imunológico: Tomar diariamente, em jejum, o Suco de Luz do Sol e, ao longo do dia, 1 a 2 Vitaminas da Lua no intervalo das refeições principais. Para uma prática perfeita, recomendo a leitura do meu livro *Alimentação desintoxicante*. Fazer massagem imunoestimulante corporal ou local (ver receita no Capítulo 9), 2 ou mais vezes por semana.

Sistema nervoso: A Terapia Intensiva do Limão a cada três ou quatro meses fortalece e equilibra. Ver Capítulo 7 em O limão na aromaterapia (p. 144) e O floral do limão (p. 148).

Soluço: Tomar 1 colher (sopa) de suco fresco e puro de limão. Lavar a boca com água após cessar o soluço.

Terçol: Iniciar com a Terapia Leve do Limão de três ou cinco dias e prosseguir com a Terapia Intensiva do Limão a cada três ou quatro meses. Ver *Conjuntivite*.

Tifo: Cortar 3 limões médios inteiros em fatias finas; pôr em ½ L de água e levar ao fogo. Deixar ferver até que a água reduza a ¹/₃. Tomar ½ xícara (chá) de hora em hora até que passe a febre.

Tireoide: Seguir tratamento alopático caso já esteja tomando medicação à base de tiroxinas. Tomar a medicação e aguardar o tempo de jejum conforme indicações do médico ou bula. Tomar diariamente, após o jejum do medicamento, o Suco de Luz do Sol e, ao longo do dia, 1 a 2 Vitaminas da Lua no intervalo das refeições principais. Evitar consumo frequente de alho, alho-poró, cebolinha e acelga. Ver QR CODE do Protocolo do Iodo (p. 100).

Trombose: Ver *Derrame*.

Tuberculose: O tratamento médico é indispensável. Assar 1 limão inteiro no forno, espremer e misturar o suco com igual volume de mel. Tomar 1 colher (chá) de quatro em quatro horas. Tomar diariamente o suco fresco e puro de limão com agrião ou saião é também muito indicado. Integrar tratamento com o Xarope Molotov (ver Capítulo 8).

Úlceras de estômago e duodeno, esofagite de refluxo: Ver *Digestão* e *Gastrites, dispepsias e aerofagias*.

Úlceras externas: Aplicar no local, pela manhã, algodão embebido em suco puro de limão. Deixar agir por dez a quinze minutos e lavar com água fria. Repetir à noite. Manter tratamento até desaparecerem os sintomas. Após este procedimento, não pegar sol. Necessário antes realizar uma lavagem eficiente do local, eliminando todos os resíduos do tratamento e, finalmente, aplicar um protetor solar.

Unhas quebradiças, cutículas ressecadas e pés sensíveis: Friccionar o local com a polpa de 1 limão partido ao meio. Ideal que seja à noite, e lavar muito bem o local pela manhã, antes de expor-se ao sol, para que não se formem manchas ou queimaduras. Usar o óleo regenerador celular (Capítulo 9) várias vezes por dia.

Unheiro: Terapia Intensiva do Limão a cada três meses. Ver *Micose de unha*.

Urticária: Friccionar levemente com a polpa de 1 limão partido ao meio o local atingido. Após esse procedimento não pegar sol, para evitar queimaduras e manchas. Necessário antes realizar uma lavagem eficiente do local, eliminando todos os resíduos do tratamento e, finalmente, aplicar um protetor solar.

Vermes e verminoses: Ver *Parasitas intestinais*.

Vesícula, pedras na: Tomar o suco fresco de 1 limão diluído em 1 copo de água + 1 pitada de sal integral, sem açúcar, várias vezes ao dia, inclusive de manhã, em jejum. Tal procedimento impede a formação de cristais em qualquer parte do corpo, além de estimular a secreção da bile.

Vômito: Ver *Enjoos*.

Vômito de bile: Ver *Fígado*.

Vômito de sangue: Consultar um médico imediatamente. Ver *Gastrite*.

Xeroftalmia: Trata-se de uma doença dos olhos por carência de Vitamina A. Tomar diariamente, em jejum, o Suco de Luz do Sol e, ao longo do dia, 1 a 2 Vitaminas da Lua no intervalo das refeições principais. Caprichar no consumo dos alimentos ricos em betacaroteno, como cenoura, manga e folhas verde-escuro. Ver "Colírio homeopático", no Capítulo 9, para lavar os olhos pela manhã.

Zumbido nos ouvidos: Quem rege o sentido da audição são os rins. Portanto tomar todas as providências que cuidem desses órgãos. Ver também *Sinusite*.

CAPÍTULO 6

Cuidados com o limão

> A diferença entre o remédio e o veneno é a dose.
> E ser natural não significa inócuo: use o poder com sabedoria!

Neste capítulo, abordarei os aspectos práticos do uso do limão como grande aliado para cuidar da sua saúde, combater e prevenir doenças, fortalecendo o organismo interna e externamente. O leitor vai aprender como utilizar o limão com segurança, principalmente o óleo essencial (OE) do limão. Vamos, também, desmascarar alguns mitos e provar que algumas informações que circulam por aí são mentirosas.

Formas seguras de consumo do d-Limoneno

Recomendo a seguir as opções de consumo seguro do OE de limão, lembrando que o tempo de tratamento não deve ultrapassar três meses. Caso a cura não seja alcançada nesse período, dá-se um intervalo de trinta dias e repete-se o tratamento por mais três meses. Atenção: pelos motivos expostos até aqui, quando a receita requer mais que 1 limão, somente o primeiro será com a casca e suco. Dos demais, deve-se obter somente o suco.

- ♦ No preparo dos sucos desintoxicantes, adicionar 1 limão inteiro (polpa + casca). O suco deverá ser coado e bebido imediatamente após seu preparo. Aqui, dependendo do tamanho e tipo de limão, pode-se chegar ao equivalente a 5 gotas de OE, e algumas pessoas encontram dificuldade com seu sabor forte e amargo, por vezes sentindo ardor no estômago após a ingestão. Ou seja, colocou-se muito OE. O certo, no caso, é fazer uso de limões maduros e de tamanho médio.

- No preparo dos sucos desintoxicantes, adicionar 1 limão parcialmente descascado e picado. Uma vez batido, o suco deverá ser coado e bebido imediatamente após seu preparo. Aqui o sabor fica mais agradável, pois a quantidade aproximada de óleo essencial (OE) de limão equivale a 2 ou 3 gotas.
- No preparo dos sucos desintoxicantes, adicionar 1 colher (chá) de raspa fresca da casca de limão. Uma vez batido, o suco não precisa ser coado, mas deve ser bebido imediatamente após o preparo. Aqui o sabor fica bem agradável, pois a quantidade aproximada de OE de limão equivale a algo como 1 gota.
- No preparo dos sucos desintoxicantes ou vitaminas, adicionar diretamente 1 colher (chá) da farinha de limão. Aqui nada se perde, tudo se ganha, principalmente se a farinha foi desidratada somente com energia solar.
- No preparo dos sucos desintoxicantes ou vitaminas, adicionar 3 gotas de OE de limão ao bater os ingredientes no liquidificador. Assim, o OE ficará emulsionado no suco, conferindo, além de sabor agradável, melhor dispersão dos seus ativos. Alerta: essa forma de consumo deve ser acompanhada por um profissional competente da aromaterapia. Consumo máximo: 9 gotas por dia, divididas em 3 ingestões, ou seja, em 3 sucos desintoxicantes por dia. E será necessário um fornecedor idôneo do OE de limão.

Manchas e queimaduras

Tanto na casca como no suco do limão – de todas as variedades – existem substâncias que favorecem a formação de manchas na pele. Dependendo da quantidade e da forma como os limões são manuseados, podem até ocorrer queimaduras de primeiro a terceiro grau. Toda substância que causa manchas é um potente antimanchas. Assim sendo, clarear ou tirar manchas da pele com o limão pode ser um tratamento natural e bastante eficaz. No entanto, esse tratamento deve ser realizado somente durante o outono e o inverno, quando os raios solares estão mais brandos.

A fitofotodermatite é uma inflamação da pele causada pelo contato com alguns alimentos crus durante a exposição ocupacional ou recreativa à luz solar. Essa resposta inflamatória é uma reação fototóxica aos compostos químicos fotossensibilizantes presentes em frutas cítricas, tais como limão, tangerina, laranja, lima, figo, manga, e em vegetais como aipo, coentro, cenoura, erva-doce, salsa e nabo.

Tais substâncias (no caso dos limões e tangerinas, são os betacarotenos) são fotossensíveis, ou seja, reagem com a luz do sol e, quando em contato com a pele, podem causar uma inflamação (dermatite), além de estímulo à produção de melanina (manchas). Por esse motivo, devem-se tomar os seguintes cuidados:

- ◆ Evitar manusear limões estando no sol ou sabendo que vai pegar sol.
- ◆ Após manusear alguns limões (3 a 5 unidades), lavar muito bem as mãos e o local onde houve contato com a fruta, antes de se expor ao sol. De preferência, independentemente do manuseio de limões, sempre fazer uso de um filtro solar.
- ◆ Quando forem manuseados muitos limões – acima de 5 unidades –, o ideal é usar um espremedor elétrico e luvas. O que acontece é que os terpenos, presentes na casca do limão (e demais frutas cítricas), são um óleo muito fino, com a propriedade de ativar e penetrar rapidamente na circulação sanguínea. Portanto, muitos limões não devem ser espremidos manualmente, pois isso aumenta

a chance de esse óleo penetrar na pele e de ocorrer queimaduras.

A erupção geralmente se inicia um dia após o contato e a exposição à luz solar. Começa com máculas eritematosas de contornos irregulares e formas bizarras, que evoluem para lesões hiperpigmentadas, principalmente nas áreas expostas. Ocasionalmente ocorre a formação de bolhas, que podem sofrer infecção secundária. Pode haver uma sensação de ardor nas fases iniciais. Se houver queimadura, um acompanhamento médico precisa ser feito.

O que fazer quando a pele fica manchada?

Geralmente, as áreas mais afetadas pelas manchas são mãos, braços e lábios. O tamanho das manchas varia de acordo com a quantidade de suco residual na pele e exposta ao sol. Em casos mais graves, podem surgir manchas avermelhadas, bolhas, ardência e coceiras. O uso de filtro solar ajuda a proteger a pele se passado antes do manuseio. Sempre que houver contato com essas frutas, lavar bem o local com água e sabão pode amenizar o problema.

Uma vez formadas as manchas por fitofotomelanose, não há muito que fazer. Elas só vão desaparecer, de forma espontânea e gradativa, em quatro a seis semanas. O importante é não voltar a manusear esses alimentos em caso de exposição ao sol.

Independentemente do tipo de mancha, o ideal é procurar um dermatologista, que fará o diagnóstico e indicará os tratamentos mais adequados para o problema. Em pessoas jovens, manchas como as sardas podem desaparecer sozinhas.

As manchas podem evoluir para um câncer de pele?

A fitofotodermatite não causa câncer, mas tem um aspecto positivo de "denunciar" a presença de um pré-câncer, um câncer ou problema de pele.

Ingerir limões diariamente pode favorecer o aparecimento de manchas?

Não, pois o fenômeno das manchas depende do contato com a luz solar. Tais substâncias, uma vez ingeridas, são metabolizadas, transformadas em nutrientes e deixam de ter exposição e sensibilidade à luz solar.

> Saiba mais e confira os medicamentos e drogas que aumentam a fotossensibilidade.
>
> https://www.docelimao.com.br/site/limao/pratica/420-cuidados-com-o-limao-manuseio-2.html

Reações de desintoxicação

Uma fruta 100% solar, uma vez ingerido o limão, vai "iluminar" o nosso interior. Assim, ao iniciar-se o consumo diário do limão, inevitavelmente, muita luz será irradiada em todos os aspectos da vida de quem o consome. O que estiver escondido, acumulado, mucoso, magoado, ferido, vulnerável, irado, inflamado virá à tona e será excretado. Verbal ou mental, física ou emocionalmente.

Por isso, muitas pessoas resistem ao limão. Iniciam sua ingestão na forma pura ou em sucos, mas de início já desenvolvem reações como asco, enjoo, ânsia de vômito, diarreia, mucos, aroma ou sabor ruim na boca, coceiras, dor de cabeça, de garganta, gripe repentina, cansaço, apatia etc.

Logicamente, esses sintomas são de desintoxicação, uma resposta muito rápida de um organismo, que certamente carrega esses lixos há muito tempo. Na primeira oportunidade, ele se inflama e libera. Se anima e exubera. Se esquenta e evapora. Se coça e escama para vir a nova pele. Repousa para recuperar seus ossos e dentes: novas estruturas.

Muitos indivíduos, porém, diante de algum desses sintomas, se assustam e interrompem o tratamento. Inconscientemente, pensam: *Talvez não seja a melhor hora, não estou maduro ou mesmo não desejo, neste momento, crescer ou transformar algo importante e delicado. Não quero mexer num vespeiro.* Muitas vezes, sair da zona de conforto é trabalhoso e dói muito. *Não me sinto preparado para todas as consequências desse enxergar e ter que agir. Não desejo digerir agora, prefiro permanecer entalado, engasgado por mais um tempo...* Bem, tudo tem um preço, então vale lembrar que lixo parado e acumulado, se demorar muito, vai virar problema de saúde.

Alguns decidem: melhor não mexer nessa ferida agora. Já outros adoram, mesmo com medo, inserir os alimentos integrados ao limão e persistem, e conseguem resolver questões de anos em apenas poucos dias. Outros vão devagar, como bons hábitos que se arraigam, e o limão acaba ficando como aquele "oxigênio plus" da vida. Não se trata aqui de julgamento ou crítica, mas de uma compreensão, um espaço para reflexão. E minha sugestão para esse tipo de situação é: vá pelas bordas, vá devagar. Não deixe que o medo o paralise, pois daí passa a ser pânico. A ideia é consumir o limão de outras formas, como Pó Digestivo Chooran (ver Capítulo 8), picles de limão, sucos desintoxicantes e saladas verdes com suco de ½ limão, ou somente algumas gotas (ver em receitas Capítulo 8).

Enfim, o importante não é evitar que a luz o ilumine internamente, mas deixar a luz ir entrando devagarinho, no seu tempo, no seu limite. O importante é permitir que o Sol e o sagrado entrem em você. Saiba consumir o limão! Saiba usar essa ferramenta e tê-la sempre por perto.

Limão causa problemas nos dentes?

Alguns dentistas consideram o hábito de chupar limão ou tomar seu suco puro uma possível agressão para o esmalte dos dentes, desmineralizando-o. Além disso, alegam que o limão pode até causar sensibilidade.

Bem, tudo que é usado e praticado com exagero acaba mesmo por gerar complicações. Na verdade, porém, o principal papel do limão nesse aspecto é detectar problemas no esmalte dos dentes e no organismo como um todo. Ele não gera problemas, mas os sinaliza rapidamente.

De qualquer forma, chupar limão, principalmente com sal, não é saudável nem a melhor forma de consumir esta fruta. Quando houver necessidade de ingerir o seu suco puro, como no caso da Terapia do Limão, é prudente usar um canudinho para evitar o contato direto do suco com os dentes. Entretanto, o suco puro de limão, passado com o auxílio de um cotonete sobre aftas e gengivas feridas, pode agir como um excelente bactericida e cicatrizante.

Excesso de limão faz mal?

Muitas pessoas, ao lerem meus textos e livros, ficam encantadas com as propriedades de cura do limão e resolvem consumi-lo de forma, digamos, exagerada, tentando recuperar o tempo perdido ou neutralizar no ato alguma sabotagem alimentar. Escrevem-me perguntando se podem tomar 3 limões em jejum diariamente. Outras indagam sobre tomar 6 limões por dia. E há aquelas que querem imediatamente praticar a Terapia Intensiva do Limão, apesar de a minha indicação sempre ser, para tudo na vida: vá com calma.

A função essencial do limão não é fazer um resgate da saúde, da harmonia metabólica? Então, vamos fazer essa reengenharia com consciência, respeito por si, pelo alimento e prudente responsabilidade.

Primeiro, é preciso saber que o grande poder curativo do limão está no seu potencial de favorecer o resgate da capacidade natural de autocura e manutenção da saúde que todo organismo essencialmente tem. Em segundo lugar, deve-se saber que, como todo sábio, como todo agente de cura, o limão não age sozinho: precisa de aliados. Por ser um agente alcalinizante e mineralizante, seu poder terapêutico será tão grande quanto mais saudável e natural for a alimentação diária. O contrário também é verdadeiro: quanto mais nefasta a sua alimentação, menor o potencial terapêutico do limão, e maior o tempo de tratamento.

Estou informando algo bem óbvio: não podemos colocar veneno no remédio. E, embora em algumas situações cumpra esta função (anti-intoxicação, por exemplo), o limão não é antídoto de maus hábitos alimentares.

O terceiro ponto é uma realidade: quanto mais intoxicada uma pessoa está, menor sua capacidade de assimilação de nutrientes e informações. Então, não adianta exagerar na dose: o organismo vai assimilar o tanto que pode, e é na desintoxicação diária, na insistente "água mole em pedra dura", que o organismo vai realizando seu resgate de harmonia celular e saúde. Respeito ao tempo e respiração natural das células, da vida, certo?

A minha resposta para quem deseja "exagerar" no limão é: se você tem hábitos saudáveis de vida e alimentação, ou seja, não é muito intoxicado e ingere diariamente alimentos integrais ricos em vitaminas/sais minerais (crus, vivos, integrais), não há problema consumir até 3 limões por dia, idealmente divididos em 3 ingestões, sempre integradas a alimentos vegetais (crus) em sucos desintoxicantes, saladas e sobremesas. Mais que isso é exagero, pois, nos iniciantes da desintoxicação, ainda existem muitas toxinas impedindo uma eficiente assimilação dos nutracêuticos e informações de cura que o limão e aliados contêm.

Entretanto, se você é uma pessoa com um nível de médio a elevado de intoxicação, e ainda faz uso constante (diário) de alimentos pobres de vitaminas e sais minerais (cozidos, industrializados, refinados, açucarados, fritos e de origem animal), terá problema sim, pois poderá se desmineralizar. O limão é um agente mineralizador e alcalinizante, mas para agir ele precisa de aliados, ou seja, alimentos crus, vivos, integrais, frescos e maduros, ricos em vitaminas, enzimas e sais minerais (matéria-prima da mineralização/alcalinização). Este é o motivo pelo qual indico sempre o limão integrado aos sucos desintoxicantes, saladas etc.

Uma faca é ideal se você usá-la para fazer uma cirurgia e salvar o doente. Uma faca é ideal para descascar alimentos e saciar a fome de muitos. No entanto, essa mesma faca é péssima se for utilizada para ferir ou matar alguém. Com o limão é a mesma coisa. O limão é terapêutico se você souber usá-lo. Se ele é um agente mineralizador e alcalinizante, eu pergunto ao leitor: de onde ele vai tirar os minerais para mineralizar/alcalinizar o organismo? De uma alimentação vazia? Ou de uma alimentação saudável? Então, se não souber usá-lo, ele não terá como cumprir sua função terapêutica, podendo inclusive ser prejudicial. O limão não faz milagres. É fundamental ser responsável e se comprometer com sua alimentação e saúde.

Muitas pessoas me escrevem mensagens do tipo: "Faço muita coisa errada; o limão vai consertar?". Sim e rapidamente, se em paralelo elas mudarem os hábitos alimentares. Repetindo: o limão não é conivente ou antídoto para maus hábitos alimentares, assim como nenhum alimento saudável e nenhuma terapia são. E se eu lhe informasse que é, seria uma negação das leis naturais.

O limão pode até neutralizar uma crise aguda de acidez, diarreia, enxaqueca ou intoxicação, mas para curar as causas é preciso saber usá-lo diariamente, sendo responsável e consciente para com esse instrumento sagrado de cura.

O mesmo vale para couves, sementes germinadas, fibras, frutas etc. Com o limão, porém, a questão é mais evidente, pois ele é o principal alimento solar e mineralizante da natureza. Ninguém deixa de enxergar e perceber o sol. Ninguém faz uso dele de forma errada sem rapidamente perceber o engano.

Enfim, a construção e reconstrução da saúde se faz com um conjunto de bons hábitos, entre eles o de evitar exageros.

Devo congelar o limão?

A partir de uma propagada falsa que circulou pela internet garantindo milagres com o uso do limão congelado, vira e mexe aparece alguém perguntando: "Congelar o limão para ralar depois é mesmo milagroso?".

Não faça isso! Como todo boato, que mistura meias verdades com engodos absurdos, esse afirma que o limão congelado é 10 mil vezes mais ativo que a quimioterapia. Bobagem. De onde tiraram esse valor?

O congelamento é um cozimento reverso, que anula as propriedades terapêuticas dessa fruta solar e sagrada. Percebe, leitor? Sua natureza é solar e não combina com o congelamento. Aliás, nenhum alimento vivo combina com cozimentos, seja pelo fogo ou pelo congelamento.

Se você deseja saber mais sobre um assunto, busque uma fonte que justifique tudo o que está escrito, porque nosso tempo é precioso e não devemos, portanto, jogá-lo pelo ralo lendo mensagens soltas, sem lenço nem documento.

Também use o bom senso: você acha mesmo que um alimento congelado substitui um alimento fresco? Você acha mesmo que é mais fácil (ou prático) congelar e ralar um alimento congelado do que usá-lo *in natura*?

Pesquisando, fiquei ciente de que esta FAKE nasceu no Canadá, país de invernos rigorosos, quando frutas frescas são raras. Conservar limões congelados pode ser uma realidade daquele país, mas não a nossa.

Qual a melhor forma de guardar o limão antes e após seu uso?

Limões não devem ser armazenados em geladeiras porque nesse ambiente eles ressecarão rapidamente, e suas cascas se tornarão quebradiças. No caso de grande quantidade de frutas, indico colocá-los dentro de uma caixa organizadora, forrada com um pano de prato de algodão para envolvê-los e manter a caixa tampada, na parte mais baixa da geladeira. No caso de pequena quantidade de frutas, mantê-los numa fruteira, separados das demais frutas, mesmo das laranjas e tangerinas. Uma vez aberto o limão, a indicação é usá-lo todo. Costumo perguntar: você toma meio sol? Então por que meio limão? Mas às vezes acontece... Então, coloque-o com a parte cortada para baixo sobre um pires com água filtrada. Use-o, porém, o quanto antes, porque depois de cortado ele vai perdendo a funcionalidade.

Perigo: limão com bicarbonato de sódio?

Outro boato sensacionalista que estimula o uso diário e frequente de bicarbonatos para debelar o câncer e prevenir doenças. Tome cuidado e veja a seguir o que é real.

Partindo de uma informação verdadeira – de que nosso metabolismo não pode ser ácido –, a mensagem induz que a cura do câncer e a prevenção de doenças é via alcalinizar-se com o consumo diário de limão + bicarbonato de sódio, mas isso é um engano.

Um ambiente alcalino, para ser vital, deve ser polimineral, jamais monomineral, porque um organismo vivo depende da disponibilidade e simbiose de mais de 90 minerais, os quais só podemos acessar diante de uma alimentação diversa, orgânica e biodinâmica.

Já vi recomendarem o consumo de bicarbonato de sódio puro em tudo, até no xampu, mas não deu muito certo, as pessoas não acreditaram. Daí, vi recomendarem misturar o bicarbonato com o limão, para facilitar o engodo... Imagina! Um alimento funcional e verdadeiramente terapêutico + pó branco = perigo.

Sem dúvida alguma, nada disso é confiável e é altamente perigoso, porque essa mistura vai gerar enorme quantidade de gases, provocar citratos exclusivamente de sódio, desativar os poderes terapêuticos do limão e causar complicações à saúde. O limão só é terapêutico quando integrado a alimentos do reino vegetal, íntegros (não refinados), crus, frescos, maduros (da estação) e idealmente orgânicos.

Assim como o antitérmico não cura a infecção, um antiácido não cura um metabolismo cronicamente ácido. O bom senso diz que, para sanar um problema agudo ou crônico, há de se tratar a causa, que está basicamente numa alimentação inadequada, acidificante, maus hábitos de vida ou consumo de drogas e medicamentos. Portanto, a cura jamais está no consumo e automedicação com antiácidos como os bicarbonatos, sendo o de sódio o mais barato e fácil de comprar, portanto o mais perigoso. No entanto, além de todas as cabíveis providências de preservação da vida, é importante resgatar bons hábitos de alimentação e qualidade de vida, na velocidade e na medida do possível.

CAPÍTULO 7

Terapias com o limão

> Naturopatia ou medicina naturopática é uma forma de medicina alternativa que emprega uma variedade de práticas pseudocientíficas classificadas como "naturais" ou "não invasivas" e que promove a "autocura".
>
> WIKIPEDIA

Este capítulo é dedicado ao esclarecimento de como o limão pode ser um agente ativo e importante em algumas técnicas terapêuticas, também chamadas de terapias complementares, como a aromaterapia, a cromoterapia, os florais e a Terapia do Limão ou citroterapia. Tais técnicas, fundamentadas em estudos científicos e empíricos, são cada vez mais valorizadas e reconhecidas, pois são benéficas na prevenção e nos tratamentos de saúde, principalmente quando integradas a outras terapias e à alopatia.

É importante lembrar que as terapias complementares aqui apresentadas não substituem um tratamento alopático e as recomendações médicas. Também não garantem a cura (nem os alopáticos garantem), mas ajudam o organismo, ao oferecer-lhe um espaço de purificação e fortalecimento: de autocura.

Terapia do Limão ou citroterapia

No capítulo anterior, enumerei muitos dos casos que se beneficiam com o consumo regular do limão, porque uma alimentação repetidamente inadequada desenvolve um sangue continuamente ácido, condição ideal para o desenvolvimento de muitas enfermidades e suas manifestações.

Assim, para prevenir a doença, ou mesmo para tratá-la, é necessário fazer uso diário de alimentos que alcalinizem o sangue, favorecendo o equilíbrio metabólico e a eliminação constante dos resíduos tóxicos.

Dificuldades de saúde podem ser tratadas com o consumo integrado e regular do limão. No entanto, o seu consumo intensivo é especialmente indicado no fortalecimento do sistema imunológico, respiratório e cardiovascular.

A Terapia Intensiva do Limão (TIL)

O tratamento mais conhecido e divulgado sobre o limão é a Terapia Intensiva de dezenove dias, que começa pela ingestão do suco de 1 limão no primeiro dia e vai aumentando a dose diária (+ 1 limão a cada dia), ao longo de dez dias sucessivos, até chegar a 10 limões no décimo dia. No décimo primeiro dia decrescem as doses em igual proporção, reduzindo 1 limão a cada dia, até que no décimo nono dia ingira-se o suco de apenas 1 limão.

No total desses dezenove dias de tratamento serão consumidos 100 limões. Por esse motivo, há que se tomar absoluto cuidado com a perfeita higiene e a maturidade dos limões, além da forma segura de manuseio e toma. Ver sobre tais cuidados a seguir.

O mágico deste tratamento, que foi criado para cuidar de pessoas com ácido úrico e artrite, é a cumplicidade para fortalecer o organismo. Os antibióticos vão deprimindo o sistema imunológico, pois fazem pelo organismo o que ele mesmo deveria fazer. Já a Terapia Intensiva – que é preventiva – vai do primeiro ao décimo dia, limpando e alcalinizando o organismo. Ou seja, vai arrumando a casa. Colocando tudo nos seus lugares. Depois, do décimo primeiro ao décimo nono dia, essa terapia vai permitindo e lembrando ao organismo da sua função autônoma. Ou seja: é o organismo sano, com as suas funcionalidades em prontidão para lidar com todos os desafios metabólicos e da vida.

Mas antes um alerta: no Capítulo 6, vimos que o excesso de limão não é bom. Seu consumo elevado pode provocar alguma desmineralização ou agressão ao nosso sistema digestório. Por isso, julgo necessário que, nesses dezenove dias de tratamento, façamos uso de 1 pitada de sal integral em cada toma... "Para quê?", o leitor pode perguntar. Para que o limão já entre no nosso organismo minimamente mineralizado com os muitos minerais de um sal integral.

> O que é um sal integral: vamos saber mais sobre o sal ideal para a saúde humana?
>
> https://www.docelimao.com.br/site/desin-toxicante/simplesmente-saude/2826-pero-las-de-sal-1-sal-fresco-x-sal-de-rocha.html

Na tabela a seguir, observe o esquema dia a dia de como deve ser praticado esse tratamento.

TABELA 10   O passo a passo, dia a dia das tomas do suco fresco de limão

Dia	Limões ou ml de suco fresco	Dia	Limões ou ml de suco fresco
1º	1 = 30 ml	11º	9 = 270 ml
2º	2 = 60 ml	12º	8 = 240 ml
3º	3 = 90 ml	13º	7 = 210 ml
4º	4 = 120 ml	14º	6 = 180 ml
5º	5 = 150 ml	15º	5 = 150 ml
6º	6 = 180 ml	16º	4 = 120 ml
7º	7 = 210 ml	17º	3 = 90 ml
8º	8 = 240 ml	18º	2 = 60 ml
9º	9 = 270 ml	19º	1 = 30 ml
10º	10 = 300 ml	20º	Fim

Nota: não se esquecer da pitada do sal integral em cada toma.

Nos dias em que muitos limões são utilizados e o volume de suco é elevado, o ideal continua sendo a ingestão em apenas 1 toma em jejum, 30 minutos antes da refeição matinal. Opcionalmente, em 2 ou 3 ingestões distribuídas ao longo do dia. Um exemplo: no décimo dia será o suco de 10 limões (300 ml). Assim, tomar o suco de 4 limões em jejum, 30 minutos antes da refeição matinal; 3 limões, 30 minutos antes do almoço; e os últimos 3 limões, igualmente, antes do jantar.

Alerta: não pense que este tratamento deve ser praticado igualmente para todos os casos e por todos os indivíduos. Ao contrário, existem exceções (inadequações) e a possibilidade de serem feitas adaptações, conforme as condições e sensações corporais de cada pessoa. Observe que podem ocorrer as situações como as descritas a seguir.

A pessoa está por demais intoxicada e, logo no começo do tratamento, sente mal-estar, como acidez, náuseas, dor de cabeça, diarreia ou indisposição geral. Neste caso, o indicado é respeitar o corpo, repetir a quantidade de limões do dia anterior e observar. Caso os sintomas aliviem um pouco, seguir em frente na sequência prescrita pela Terapia Intensiva. Caso permaneçam os fortes sintomas, repetir por mais 1 dia a mesma dosagem de limões e observar as reações do corpo. Se ainda assim permanecer uma sintomatologia de elevado incômodo, interromper o tratamento e recomeçar na semana seguinte do ponto zero.

Aproveitar essa semana de intervalo para alimentar-se de forma mais leve e natural, ingerindo mais frutas, brotos, folhas, sementes germinadas e cereais integrais.

A Terapia Leve do Limão

Este procedimento é indicado para quem nunca praticou a Terapia Intensiva do Limão, para pessoas muito fragilizadas por uma doença grave ou crônica e também para aqueles com mais de 50 anos, quando existe alta possibilidade de elevado nível de intoxicação e acidez no sangue. Trata-se de uma terapia de adaptação ao tratamento intensivo, que pode também ser planejada sempre que necessária uma limpeza mais rápida e superficial do organismo.

A Terapia Leve pode ser de cinco, sete, nove ou onze dias. Um exemplo é a Terapia Leve de cinco dias. Iniciar com o consumo de 1 limão; no segundo dia, 2 limões; no terceiro dia, 3 limões. No quarto dia, reduzir para 2 limões e, finalmente, 1 limão no quinto dia, totalizando 9 limões.

O interessante da Terapia Leve é que este tratamento breve pode ser repetido na sequência e se transformar em dez, quinze ou vinte dias. Por exemplo, se a terapia de cinco dias for repetida sucessivamente por 4 vezes, se tornará uma terapia de vinte dias, com o diferencial de ser bem mais leve que a Terapia Intensiva de dezenove dias (100 limões). Na Terapia Leve de cinco dias, são 9 limões, e, na repetição de 4 séries, são consumidos apenas 36 limões.

Qual limão usar e como comprar?

Todos os limões e suas variedades podem ser usados nesta terapia, principalmente os do quintal e de cultura orgânica. A fruta precisa estar madura e fresca, ser de safra, da estação. Cada cidade, região ou país tem suas variedades, meses de safra e oferta. O melhor lugar para obter essa informação é no mercado central de sua cidade.

Evite limões que não estão bem maduros, porque podem causar alergias, e limões maduros demais, pois já não são tão terapêuticos. Não se deve usar um remédio que ainda não está pronto ou com a validade vencida, certo? Limões maduros, por sua vez, apresentam suculência, casca brilhante, fina e macia, além do cabinho (a estrela que o prendia à árvore), que se solta com um leve toque.

Para este tratamento, deve ser usada fruta de tamanho médio, que gera cerca de 30 ml (2 colheres (sopa)) de suco por fruta.

Quando praticar e qual a frequência?

Isso é muito relativo, porque depende de qual(is) doença(s) a pessoa está querendo tratar, da sua receptividade ao tratamento, e se é um tratamento preventivo ou de cura. De qualquer forma, quando falamos da Terapia Intensiva de dezenove dias, considero prudente um intervalo de três meses (mínimo) ou na entrada de cada estação do ano. Assim, inicia-se cada ciclo da natureza com o organismo limpo, alcalinizado, mineralizado e fortalecido (turbinado).

Durante a Terapia Intensiva, é opcional o consumo do Suco de Luz do Sol ou Vitamina da Lua no intervalo das principais refeições. No entanto, recomendo que, nos intervalos da Terapia Intensiva, se torne um hábito o consumo diário de 1 a 3 limões no preparo desses sucos desintoxicantes.

Como preparar o suco fresco?

O espremedor manual ou elétrico de limões é o mais prático e rápido. No entanto, qualquer que seja a forma escolhida, o suco deve ser servido fresco, imediatamente após o seu preparo. Para fazer uso dos benefícios dos ativos presentes na casca do limão, a primeira fruta (somente 1 por dia) pode ser passada inteira (polpa + casca) pela centrífuga ou liquidificador. Das demais, porém, será somente o suco.

Posso diluir o suco?

Não. Este tratamento está baseado no consumo do suco puro dos limões. Acrescentar água vai diluir o efeito desejado de limpeza, cicatrização, alcalinização e harmonização metabólica.

O que costumo sugerir, para aqueles que resistem, é acrescentar 2 colheres (sopa) de: a) suco natural de uva concentrado (caseiro ou orgânico, isento de aditivos e açúcar), pois a uva também é um alimento de elevado poder alcalinizante e desintoxicante; ou b) água de coco-verde.

Mesmo fazendo uso do recurso da diluição mínima, pode haver dificuldade na ingestão diária, embora, se tomado com canudinho, essa possibilidade seja muito reduzida. E, respeitando-se a dificuldade da pessoa, esse mesmo recurso pode ser empregado através de um outro alimento desintoxicante e alcalinizante como a uva, utilizando a mesma tabela e volumes. Assim, passa a ser Terapia Intensiva da Uva. O complicador, no Brasil, é que as uvas são caras, sazonais e muito contaminadas por agrotóxicos. E esse tipo orgânico de fruta é raro e muito caro.

Outra opção é o consumo diário do Suco de Luz do Sol ou Vitamina da Lua, em jejum. Diferentemente do tratamento leve ou intensivo, o uso diário e contínuo desses sucos desintoxicantes será um tratamento mais sutil e suave, porém também de elevado poder terapêutico e preventivo.

Atenção: não adoce o suco do limão com açúcar (seja branco, cristal, mascavo ou demerara) ou qualquer adoçante, pois são substâncias que acidificam e intoxicam o sangue. Algumas pessoas usam 1 colher (chá) de mel, mas não recomendo.

Cuidados importantes

Existem casos de enfermos, por longo tempo artríticos, cheios de resíduos proteicos, portanto com poucas reservas alcalinizantes. A quebra desses resíduos gera muitas substâncias ácidas e consequente falta de bases, carência esta que se acumula até provocar sérias acidoses ou acidemias proteicas. Em tais casos, a Terapia Intensiva do Limão pode ser contraindicada (se bem que o recurso da pitada de sal integral pode até ser benéfico). De qualquer forma, verifique com seu médico.

Pessoas que fazem uso de medicamentos para tratar problemas da tireoide deverão tomar seu medicamento em jejum, aguardar o tempo indicado pelo médico ou bula e só depois iniciar a terapia com os limões. Ver cuidados com o manuseio do limão e com os dentes no Capítulo 6.

O limão na aromaterapia

Há mais de 6 mil anos os egípcios, já conhecendo o poder das substâncias aromáticas e suas influências sobre a saúde do corpo, mente e espírito, faziam maceração de plantas, obtendo óleos para massagens e para cuidados com a saúde.

Foram eles que compilaram a primeira farmacopeia que se conhece e, apesar de sua medicina ser impregnada de religiosidade e magia, possuíam um pensamento empírico, ou seja, usavam as essências a partir de experiências e do acúmulo de resultados práticos.

Os gregos e romanos assimilaram dos egípcios os ensinamentos relativos às propriedades e usos das plantas aromáticas. A Índia é o único lugar do mundo onde a tradição nunca morreu, com mais de 10 mil anos de prática contínua.

No início do século VI, Paracelso, um médico suíço, considerado o pai da farmaquímica, estudou a extração do que chamou "alma dos vegetais", recebendo posteriormente o nome de óleo essencial (OE). Pela observação da morfologia das plantas e de suas diferentes características, Paracelso podia prever suas indicações terapêuticas.

Entretanto, os OEs, mais que a "alma dos vegetais", são também impregnados de "aromas" que penetram no Ser via olfato, chegando em milésimos de segundos diretamente ao sistema nervoso central. Interessante notar que o olfato é o único dos cinco sentidos que apresenta um portal de acesso direto ao cérebro.

Aromaterapia é, portanto, a arte e a ciência de usar esses OEs naturais – extraídos de plantas, raízes, frutas, sementes e cascas – em tratamentos terapêuticos de cunho integrativo; ou

IMAGEM 1 - SUCO DE LUZ DO SOL

IMAGEM 2 - VITAMINA DA LUA

IMAGEM 3 - SUCHÁ DE HIBISCUS COM LIMÃO

IMAGEM 4 - PICLES MARROQUINO DE LIMÃO

IMAGEM 5 - MÁSCARA PARA CABELOS QUEBRADIÇOS

IMAGEM 6 - FERMENTADOS. DA ESQUERDA PARA A DIREITA: CENOURAS COM ALHO, NABO COM GENGIBRE, ABÓBORA JAPONESA RALADA JUNTAMENTE AO AÇAFRÃO-DA-TERRA.

IMAGEM 7 - DOCINHOS DE GRANOLA

IMAGEM 8 - TORTINHAS DE LIMÃO

IMAGEM 9 - BARRINHAS DE LIMÃO

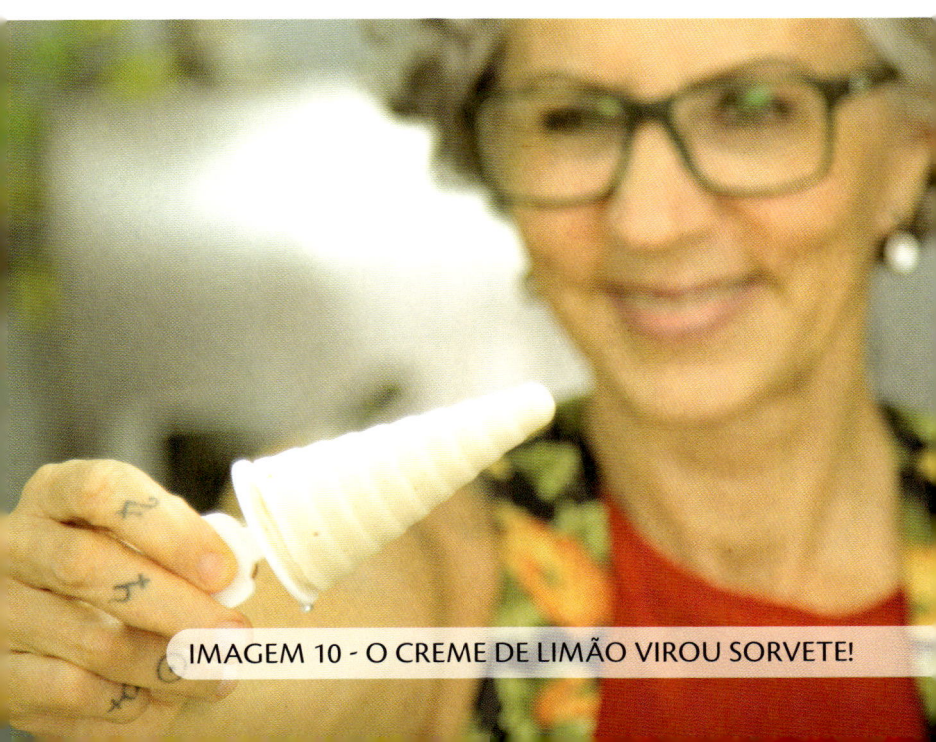

IMAGEM 10 - O CREME DE LIMÃO VIROU SORVETE!

IMAGEM 11 - MOUSSE DE MANGA

IMAGEM 12 - DANONINHO VEGANO DE GOIABA COM CALDA DE MORANGO E NIBS DE CACAU

IMAGEM 13 - LIMÃO PARA CALDO DE CANA

IMAGEM 14 - LIMONADA DE TANGERINA OU ALTO-ASTRAL

IMAGEM 15 - MOLHO DE MOSTARDA BIOLIMONA

IMAGEM 16 - LEMON PEPPER MASALA

IMAGEM 17 - DESINFETANTES DE LIMÃO

MENTA

LARANJA DOCE

EUCALIPTUS

seja, tais aromas tratam o corpo físico e também as emoções, a mente e o espírito.

Por tudo o que lemos até aqui, é absolutamente previsível que o OE de limão faça parte importante do "kit pronto-socorro" da aromaterapia. Ele é tonificante, diurético, carminativo, digestivo e imunoestimulante. Adstringente, desodorizante, antisséptico, antibiótico e cicatrizante. Estimulante e antidepressivo e, ao mesmo tempo, calmante, sedativo, antiespasmódico e antiesclerótico.

Na aromaterapia, ele é útil para aliviar dor de cabeça, quer se tenha um resfriado ou a mente exausta. Traz energia, ativa a circulação sanguínea e linfática, trata a celulite e aquece mãos e pés. Tônico geral, trata infecções (por ser bactericida e antisséptico), intoxicações (tanto renais quanto intestinais), indigestão (por ser tônico e depurativo), obesidade, problemas de pele, cansaço, depressão, câncer, problemas no sistema imunológico – ao estimular a produção de leucócitos –, reumatismo, resfriado, gripe e juntas inflamadas.

O OE de limão atua no emocional estimulando o resgate da alegria de viver, pois ativa a consciência e válvulas de escape dos estados de ansiedade, depressão e desânimo; dispersa e refresca confusões emocionais e dúvidas. Melhora o foco da consciência e da busca do autoconhecimento, clareando e elevando o intelecto.

Acalma, deixa o emocional mais leve. É um promotor eficaz da positividade e do bom humor, ao interromper situações e pensamentos de má vontade, negatividade e desistência. Ativa as atitudes mentais de persistência e determinação. Encoraja, dá confiança e segurança. Ajuda a abrir o coração, aliviando medos e envolvimentos emocionais. Trabalha, em paralelo, a mágoa oculta ou reprimida.

Enquanto o OE de laranja é um subproduto da indústria de seu suco, o OE de limão já é visto como um produto de importância maior. No Brasil, ele é obtido pela compressão de cascas da fruta, mas na Europa existem alguns OEs de limão que são obtidos por arraste de vapor. Na Europa, a casca do limão-siciliano é a mais utilizada para tal extração, enquanto em nosso país cresce o uso do limão-taiti. O Brasil é o maior produtor mundial de OE de laranja e o quinto do OE de limão.

Para a obtenção de 1 kg de OE de limão são necessárias as cascas de cerca de 2.500 limões. Trata-se de um líquido oleoso de cor amarelo-esverdeada pálida, que apresenta o inconfundível aroma de limões frescos. O componente químico que predomina (65%) é um aldeído chamado d-limoneno, mas, na verdade, é uma mistura natural de diversos monoterpenos, entre eles, cerca de 10%-20%, de pinenos e, aproximadamente, 10% de gamaterpineno.

Outro OE que pode ser obtido do limoeiro é o Petit-Grain, extraído das folhas e ramagens de uma árvore chamada popularmente de laranja-amarga, cultivada atualmente na França, no norte da África e na América do Sul. Sua ação predominante é calmante, além de refrescar, estimular e desodorizar. Seu aroma é altamente cítrico, fresco e lembra flor de laranjeira. É ideal para tratar qualquer forma de tensão ou fadiga, nervosismo, insônia, depressão, debilidade geral, ansiedade, problemas relacionados com estresse, indigestão e acessos de pânico.

Como funcionam os OEs?

Seu efeito pode ser observado simplesmente por inalação ou na aplicação de poucas gotas dissolvidas em óleo vegetal (jamais mineral) aplicadas à pele. O nervo responsável pelo olfato tem uma ligação direta com os centros nervosos que controlam a emoção. Por essa razão, seu efeito pode ser percebido rapidamente no físico, no mental e no emocional. Aliás, o efeito terapêutico dos OEs via sistema nervoso central (SNC) costuma ser mais poderoso do que via metabolismo digestivo, motivo pelo qual sua aplicação é, principalmente, pelo olfato e/ou absorção cutânea, e raramente pela ingestão.

Principais formas de uso

Os OEs são substâncias oleosas extremamente concentradas e recomendadas para uso externo, devendo estar sempre diluídos quando aplicados sobre a pele. Dificilmente devem ser indicados (somente por médicos ou terapeutas especializados) em fórmulas de uso interno.

As formas de aplicar os OEs na aromaterapia são via banho de banheira ou chuveiro, massagem corporal ou facial, máscara facial, xampu, compressas, vaporizador, inalador ou difusor para aromatização de ambientes, além dos colares, adereços e lenços para aromatização pessoal.

Contraindicações

Os OEs não devem ser usados em bebês de até 3 meses, gestantes no primeiro trimestre e idosos debilitados. Consultar um profissional qualificado nos casos de epilepsia, problemas respiratórios graves, hipertensão, alergia, doenças graves e gravidez, pois alguns OEs podem ser contraindicados ou ter indicações específicas para esses casos. Para crianças, usar quantidades mais diluídas e somente os OEs de lavanda e camomila.

Quando em tratamento homeopático, consultar seu médico antes de fazer uso da aromaterapia. A não ser em casos indicados, não aplicar o OE puro diretamente na pele, pois podem ocorrer reações. Se ocorrerem irritações, aplicar óleo vegetal no local para limpar a pele. Não devem ser usados antes de exposição ao sol os OEs de: bergamota, limão, laranja, *grapefruit* e tangerina.

Nunca fazer uso de OE via oral (ingestão) sem a orientação de um aromaterapeuta ou médico especializado. Jamais usar somente a aromaterapia quando for recomendado um acompanhamento médico.

Cuidados com os OEs

Devem estar sempre embalados em frascos escuros e de vidro para garantir sua validade. Evitar exposição dos OEs ao sol ou ao calor (Ver cuidados com o manuseio do limao e com os dentes no Capítulo 6), mantendo os frascos longe do alcance de crianças e curiosos. Os OEs podem ser inflamáveis; portanto, mantê-los longe do fogo.

Não esfregar os olhos após manipular OEs. Caso ocorra algum acidente, lavar bem os olhos com água abundante e, se possível, leite integral. Se a irritação permanecer, procurar ajuda médica.

O floral do limão

Este é outro tratamento alternativo no qual aparece o nosso famoso limão, e os efeitos curativos são proporcionados, agora, pelas propriedades sutis que contêm as flores do limoeiro.

Os "remédios florais" são infusões naturais ou essências florais extraídas de flores imersas em água pura sob a irradiação da energia solar. O interessante é que a flor é a parte mais sutil de uma planta, e a proposta desta terapia alternativa e integrativa é que a essência floral trate exatamente a parte mais sutil do ser humano, que é a sua alma.

Os florais não atuam por obra de um princípio ativo – como nos remédios alopáticos –, e sim por intermédio da energia vital específica de cada flor, da planta e do solo que a gerou. O remédio floral atua sobre os estados emocionais, desbloqueando alguns padrões de comportamento cristalizados (conscientes ou não) do indivíduo, facilitando que este passe a agir com uma vibração mais positiva e construtiva. Os efeitos poderão ser notados rapidamente, dependendo do acerto das essências florais selecionadas para interferir nos sintomas percebidos.

Os primeiros florais foram os criados entre 1926 e 1934 pelo Dr. Bach, que esperava que cada ser humano pudesse finalmente descobrir dentro de si a verdadeira origem dos males que o afligiam, indo buscar antes a causa, e não o efeito, procurando nas emoções, na mente e na alma as desarmonias que o bloqueiam em sua evolução.

A Terapia Floral é suave e não invasiva, e afirma que não existem doenças, e sim doentes, e que a remoção consciente das emoções desarmoniosas, dos preconceitos e dos traumas é o verdadeiro método de cura. A doença é evitável quando a alma desempenha sua missão.

Segundo o Dr. Bach, as doenças básicas do ser humano são o orgulho, o ódio, a crueldade, o egoísmo, a ignorância, a instabilidade e a ambição. A persistência nesses desvios, após ciência de sua natureza nociva, ocasiona no corpo o que se convencionou chamar de doença.

É fundamental procurar tratar primeiramente os sintomas mais graves e intensos, pois, no decorrer do tratamento, os aspectos secundários serão também harmonizados.

Aprecio as receitas florais preparadas a partir de métodos não convencionais de diagnóstico, como a radiestesia, que pode mostrar aspectos da personalidade não conscientes. Isso é normal, visto que a maioria das nossas desarmonias se encontram em sua essência no nível subconsciente, e é justamente aí que as essências florais vão atuar.

Quando é indicado o floral do limão?

A autora Neide Margonari, famosa por seus cursos e atendimentos com florais, disse certa vez que o floral do limão é indicado para personalidades amargas, de caráter destrutivo, agindo sobre o despertar da consciência com relação ao sofrimento que nossas atitudes negativas infligem a nós mesmos e aos outros. Esse floral, portanto, nos tira da amargura e do negativo e nos leva para a doçura, o positivo, a alegria.

No plano físico, o valor terapêutico do floral do limão é enorme, por ser um poderoso depurativo do sangue, com ação rápida na cura de gripes, resfriados e baixa resistência imunológica. Sem dúvida, ele interfere e trata desequilíbrios emocionais já cristalizados no corpo físico. Dessa forma, ajuda na dissolução de cristais de ácido úrico, como também na de cálculos vesicais e renais. Com ação bactericida, colabora com o extermínio de bactérias, realizando tratamento preventivo em pessoas propensas a quadros infecciosos. Como trabalha o positivismo e bom astral, apresenta bons resultados em processos de convalescença.

O floral do limão atua beneficamente em mais de 150 doenças, mas, na essência, sua ação está pautada em mudar a qualidade dos sentimentos e pensamentos, para a polaridade que favoreça a presença da alma, do entusiasmo (com Deus dentro). A todo e qualquer momento da vida, quando há um desafio, indico a ingestão diária do floral do limão. Quanto maior o desafio, mais vezes o uso por dia, podendo chegar a 6 gotas sob a língua a cada 30 a 60 minutos.

A diferença deste tipo de tratamento é que ele acontece de forma muito sutil, por meio de formulações com essências florais e, logicamente, integrado a outras técnicas terapêuticas. A desintoxicação do corpo físico e dos bloqueios emocionais e mentais pode ser acelerada pelo uso do floral do limão, principalmente se associado à aromaterapia e à cromoterapia.

Lembre-se: mesmo que a doença pareça cruel, ela existe para fornecer uma informação importante sobre quais pontos da nossa personalidade devem ser verificados e harmonizados. A doença é um mestre.

A Tintura Mãe (TM)

Material: ½ L de conhaque (brandy), ½ L de água pura de nascente ou de água mineral de boa qualidade, 1 taça de cristal boca larga (uns 25 cm de diâmetro) incolor e lisa, 1 funil de vidro, algodão e 1 frasco higienizado de 1 L na cor âmbar.

A pureza da água é muito importante. O Dr. Bach usava sempre água de fonte "cortada" com 30% de um bom conhaque para aumentar sua vida útil, sobretudo em climas quentes como o do Brasil. Na noite anterior ao preparo, fazer uma refeição leve, como um chá ou suco desintoxicante. Levantar-se cedo, sendo fundamental estar bem física e emocionalmente. Importante que o preparo aconteça num dia pleno de sol.

Entre 6 e 7 horas da manhã, escolher as flores que serão usadas pela sua cor, integridade, consistência, força da árvore, e o que a intuição ditar. Não colher flores com manchas, fungos ou insetos, porque podem ser prejudiciais à saúde.

As flores devem estar abertas completamente e ser colhidas antes da polinização, ou seja, antes que as abelhas as visitem. Após a polinização, a flor começa a "virar" fruta e os princípios ativos podem deslocar-se.

Levar a taça de cristal já com a água pura para receber as flores escolhidas.

Praticar uma oração em silêncio durante essa colheita, pedindo licença à natureza, e focando-se na intenção de cura. Neste dia, o silêncio vai sustentar a motivação de compartilhar com as flores o seu poder de cura.

Assim, a taça repleta das flores colhidas e imersas na água pura deverá ser deixada bem próxima do limoeiro de origem, ou num lugar onde o sol bata diretamente, até as 16 horas, momento de retornar para coletar a água energizada com a essência floral. Retirar com delicadeza as flores da taça e devolvê-las ao pé do limoeiro de onde foram colhidas.

Filtrar a água floral, usando o funil com algodão, já coletando o filtrado para o frasco de cor âmbar. Ao som de uma oração ou mantra, agitar esse frasco, no sentido vertical, 144 vezes, para ser dinamizado. Acrescentar o ½ L de conhaque. Esta é a Tintura Mãe, que contém 50% da água floral solarizada e 50% de conhaque (conservante).

Preparo do floral do limão

O floral, para ser consumido em tratamentos, deve ser uma diluição da Tintura Mãe obtida acima. Num frasco escuro de 30 ml com tampa conta-gotas, colocar 10 ml de conhaque, 20 ml de água pura e 2 gotas da Tintura Mãe. Dinamizar, agitando verticalmente 30 vezes, em estado de meditação e oração.

O floral deve ser consumido, pingando 6 gotas sob a língua, 3 vezes ou mais por dia. No entanto, deve-se tomar cuidado para não encostar a língua na cânula do conta-gotas, pois a saliva pode estragar o floral. O vidrinho deverá ser de cor âmbar para proteger contra os efeitos dos raios ultravioleta, que podem provocar o envelhecimento acelerado da água.

Este floral pode e deve ser usado também no preparo de fórmulas para uso em tratamento de ambientes.

O verde-limão na cromoterapia

A cromoterapia é uma técnica terapêutica que trabalha com bases científicas e empíricas, usando estímulos visuais de diferentes cores do espectro visível para interferir em diversos mecanismos de harmonização e cura.

O mais impressionante desse trabalho é que, de todas as cores usadas pela cromoterapia, somente uma se repete: o verde, como tal e na sua variedade verde-limão. Isso porque o verde-limão oferece propriedades especiais. Não é fantástico?

Para obter a sensação que cada cor transmite, é necessário estabelecer um contato óptico com ela. Somente a partir da visualização da cor é que conseguiremos sentir o que ela nos diz (uma sugestão externa agindo sutilmente em nosso mundo interno). Isso ocorre porque, lentamente, entramos em ressonância com a frequência vibratória daquela cor, adotando uma postura interna adequada ao seu estímulo.

Para obter esse necessário contato com as cores, podemos empregá-las na vida prática, como na decoração, por meio de pinturas, iluminação e objetos, colocados numa posição estratégica, em local que olhamos com frequência.

A cor dos ambientes, do vestuário e dos alimentos também faz parte de uma estratégia terapêutica. Além do contato óptico com as cores, outra maneira muito eficaz de fazer uso da cromoterapia é por meio da mente, usando a imaginação para visualizações coloridas, como imaginar-se em meio a paisagens verdes, vales, montanhas, florestas, gramados e canteiros plenos de flores etc.

O verde é a cor média do espectro da luz visível, sendo, portanto, a cor do equilíbrio, da serenidade e da harmonia. Possui efeito calmante, refrescante e suavizante em todo o organismo, agindo como regenerador e harmonizador dos órgãos e sistemas. Essa cor tem a propriedade de normalizar as funções endócrinas, estimulando a glândula pituitária, que é a responsável pelo bom funcionamento das demais glândulas.

O verde, por ser de natureza tônica, exerce influência no bom desempenho do coração e circulação do sangue, reduz a tensão dos vasos sanguíneos e regula a pressão arterial.

É um calmante do sistema nervoso, principalmente do simpático. Por agir como sedativo desse sistema, auxilia nos casos de irritação, insônia e esgotamento. Favorece na formação e construção dos ossos, dos músculos e dos tecidos, inclusive o muscular. Age como dilatador dos vasos capilares, que são as ramificações finais das artérias e arteríolas. E é justo na parede desses capilares que se efetuam as trocas gasosas e nutritivas entre o sangue e os demais tecidos. O estímulo visual com a cor verde tem propriedade antisséptica, bactericida, germicida e desinfetante.

O pesquisador Theo Gimbel, em seu livro *A energia curativa através das cores* (1980, Capítulo 4), constatou que "a luz verde pode influenciar as células das criaturas vivas". Assim, pela capacidade que essa cor tem de alterar a estrutura bioquímica e facilitar a decomposição molecular, ela é bastante útil no tratamento do câncer, como também facilita a digestão, pois ajuda na metabolização dos alimentos.

Como cor predominante da natureza, ela é fundamental no tratamento do estresse, pois proporciona sensação de bem-estar durante e após o contato com imagens harmoniosas de campos, montanhas e vales ricos em vegetação. O verde traz uma sensação de nutrição e sintonia com a natureza. É uma cor que permite o mínimo de atividade, facilitando a fixação no lugar. É o perfeito equilíbrio entre a atividade e a passividade.

O verde é a cor do chacra cardíaco, onde são tratadas as doenças do coração, sangue e sistema circulatório. Ele trata não apenas o físico, como também o emocional. É importante observar que as doenças cardíacas se originam em desequilíbrios emocionais e são causadas por alguma repressão ou inversão de sentimentos.

No psicológico, a visualização da cor verde cria uma sintonia com a energia da juventude, crescimento, fertilidade e esperança de vida nova; desperta a necessidade de uma diretriz sólida, que leva à segurança. O verde intui renovação, frescor e brilho, algo como um início de primavera.

Permite a serenidade psíquica e equilibra os pensamentos. Ativa um campo neutro para fazer as avaliações mentais de circunstâncias, eventos e até julgamentos com mais equilíbrio e serenidade. A cor verde é um grande estabilizador emocional. Age como calmante, amenizando as perturbações dessa origem e ajuda a remover medos. Permite uma compreensão maior da vida e do mundo. É a cor que estabelece o elo espiritual com o mundo físico, trazendo equilíbrio emocional e serenidade.

Alimentos de cor verde

Todas as hortaliças e frutas de casca ou pele verde, entre elas o nosso famoso limão, principalmente o limão-taiti. Para ajudar na conquista de mais equilíbrio e serenidade, é importante aumentar o consumo de folhas, brotos e alimentos de cor verde. São os sucos verdes e clorofilados frescos (nada de congelados) e das saladas.

Roupas de cor verde

O uso de roupa nas tonalidades de verde-médio a claro é recomendado porque permite a condição interna de um julgamento claro, dando toda a estrutura e suporte de equilíbrio para esse julgamento. Roupas nos tons claros de verde são recomendadas para pessoas hiperativas e ansiosas, pois as ajudam a evitar o estresse. Na tonalidade, a cor verde-limão transmite a vibração da alegria, transparência e bom humor.

Decoração de cor verde

O uso dessa cor na decoração ajuda a manter a proporção exata do ambiente, porém tende a tornar o espaço estático, letárgico, insípido, vazio e neutro. Não promove vitalidade, mas auxilia no relaxamento. Seu emprego é ideal em quintais e paredes externas, salas de cirurgia e ambientes leves. Não é recomendado na maioria das áreas de estar, salas de estudo ou leitura. Nas áreas de trabalho, o verde prejudica o dinamismo.

A cor verde-limão

É uma tonalidade muito usada na cromoterapia. É a mistura do amarelo-claro com o verde-claro, ambos agentes purificadores que potencializam a mistura. Seu uso é importante para facilitar ao organismo expelir as células mortas e os resíduos mórbidos como o catarro, sendo, portanto, reconhecida pelo seu efeito laxante. É um excelente complemento no tratamento do câncer. O uso da cor verde-limão é imprescindível em quaisquer condições crônicas, pois tem efeito antiácido sobre o metabolismo.

Seu efeito rejuvenescedor traz leveza e bom humor. É um estimulante cerebral, muito útil nos casos de memória ruim e "emburrecimento" causado pela intoxicação corporal. O verde-limão é uma cor que ativa a glândula timo, exercendo, assim, controle sobre o crescimento, além de ser o maior fortificante ósseo entre todas as cores.

CAPÍTULO 8

As receitas terapêuticas de uso interno

Mais importante que se nutrir é assimilar!

Saber combinar os alimentos e preparar receitas fáceis, nutritivas e de elevado valor terapêutico é uma arte. Observe como podemos, sem perder o prazer, criar as composições mais inesperadas ou exóticas de frutas, folhas, sementes e raízes, saborosas e saudáveis, para agradar aos paladares mais exigentes. Logicamente, trata-se de sugestões, que cada um pode alterar ou recriar conforme critérios pessoais, disponibilidades regionais e momento do ano.

Por motivos já expostos, as receitas a seguir devem ser preparadas sem açúcar, com vegetais frescos, maduros e, de preferência, orgânicos.

Sucos desintoxicantes

No meu livro *Alimentação desintoxicante*, leitura que recomendo e que se integra a este livro, apresento toda a filosofia, bem como princípios, receitas e dinâmicas de uma desintoxicação intensiva e diária.

Muitas pessoas com doenças (ou com parentes doentes) me escrevem perguntando como ajudar. Minha resposta é sempre a mesma: desintoxique-se, alcalinize-se, mineralize-se para poder resgatar sua harmonia metabólica.

Parece disco arranhado, mas a alimentação desintoxicante é uma forma de tratar a alma, tão distanciada pela falta de nutrição e leveza do corpo. Aliviar o organismo de tanta densidade e perda energética (desvitalização) vai purificar, oferecer fôlego (e voos) para um ser que "estava" cansado. Não importa a doença, a desintoxicação é o primeiro passo para que as demais ferramentas de cura possam surtir efeito.

Aqui exponho somente os sucos mais básicos da desintoxicação diária. Saiba que o horário perfeito para "beber mastigando" esses sucos é em jejum, justo no momento em que o organismo está pronto para mobilizar e eliminar seus excretos. Após tomá-los, é fundamental aguardar 30 minutos para realizar a refeição matinal. Digamos que é o tempo da faxina.

Para fazer uso da casca do limão, recomendo ler as formas seu consumo seguro no Capítulo 6.

Coquetel adeus, obesidade

Comecemos por uma receita prática para desapegos, esvaziar lastros!

Passar pela centrífuga 2 limões (1 inteiro – polpa e casca; 1 sem a casca, porém mantendo aquela entrecasca branca) e 2 talos inteiros de aipo. Diluir com um pouco de água (ou água de coco-verde) e servir. Tomar em jejum por sete dias. Pular uma semana e repetir tratamento até obter o peso desejado.

Beberagens matinais

São receitas fantásticas para dias de jejum ou desintoxicação intensiva, e também para quando se está viajando. Também sinto que é uma boa forma de avisar ao corpo que estamos aliados para um BOM DIA!

- ♦ Adicionar o suco fresco de 1 limão médio a ½ copo de água morna + 1 pitada de sal integral ou 1 pitada de pimenta-do-reino preta moída na hora ou 1 colher (chá)

de sumo fresco de gengibre. Tomar pela manhã em jejum e aguardar 30 minutos.
♦ Adicionar o suco fresco de 1 limão médio a ½ copo de água. Acrescentar 1 colher (café) do Pó Digestivo Chooran (ver adiante) e mexer bem. Tomar pela manhã em jejum e aguardar trinta minutos. Esta beberagem é ideal também após refeições pesadas ou indigestas.

Sucos de Luz do Sol

Puro leite da natureza, trata-se de um coquetel de luz do sol, de clorofila (que oferece nutrição e desintoxicação), e pode ser consumido por pessoas de todas as idades, desde os 6 meses (quando sai do peito materno) até 70, 80 ou mais anos. O único cuidado é que, para crianças e iniciantes, precisamos colocar mais maçã (no caso de crianças, o ideal é mesmo a maçã), ervas mais doces e não exagerar na couve.

Trata-se de um novo caminho para quem decidiu "acordar" suas células, líquidos corporais, tecidos, órgãos e vísceras, sistemas: o organismo, a vida!

Este suco é especialmente indicado para consumo em jejum e coado num tecido de voil (organza) que chamamos de panela furada, procedimento muito importante, pois a intenção é uma desintoxicação rápida e eficiente, o que só se torna possível com uma presença reduzida de fibras. Ver Imagem 1 no caderno de fotos.

Ingredientes: 1 a 3 maçãs picadas com casca e sem sementes (a maçã vai dar o tom de doçura do suco; para iniciantes e crianças, colocar mais maçãs, para adaptação aos novos sabores, principalmente das folhas), 1 pepino médio (sua principal função é ser o socador para forçar os ingredientes a entrar no fluxo do liquidificador), 3 folhas de couve-manteiga, brócolis, couve-flor ou outra hortaliça verde-escura (escarola, folha da beterraba, rama da cenoura), 3 ramos de hortelã, capim-limão ou erva-cidreira, 1 xícara (chá) de sementes de girassol com ou sem casca germinado (2 punhados por pessoa ou 2 colheradas de semente sem casca para crianças de até 2 anos), 1 cenoura ou ½ beterraba, suco fresco de 1 limão por pessoa (responsável pela rápida alcalinização e assimilação dos minerais), 1 xícara (chá) de legume picado como abóbora ou chuchu (opcional).

Importante ressaltar: O suco é verde, a fruta é somente para dar um tom suave de doçura. Exceto para as crianças, é possível preparar o suco verde sem uso de frutas. Por último, considera-se a maçã como a fruta ideal (principalmente para as crianças), mas vamos refletir? Se não tivermos oferta ou condições de compra da maçã orgânica, super-recomendo que se use a fruta o mais silvestre e regional e de safra...

Como preparar o Suco de Luz do Sol: esse todos precisam aprender!

https://www.docelimao.com.br/site/desintoxicante/pratica/202-como-fazer-o-suco-da-luz-do-sol.html

Preparo: Primeiro, germinar a semente de girassol. Colocar a semente de girassol de molho em água filtrada por oito horas; passar para uma peneira (ou escorredor) e lavar sob água corrente. A semente de girassol sem casca é usada somente após hidratação de oito horas; já a semente com casca precisa germinar por oito a dezesseis horas sobre a peneira. Algumas pessoas a consomem apenas "acordada", ou seja, depois de oito horas de molho, mas a semente germinada tem maior poder de cura. Para o suco, colocar a maçã picada no liquidificar, acrescentar o suco fresco do limão e usar o pepino como socador até o primeiro líquido se formar. Se não quiser usar o pepino, dobrar uma folha de couve e usá-la com a mesma função. Coar na panela furada e voltar o filtrado para o liquidificador. Acrescentar as demais folhas verdes, o legume e a raiz. Coar e voltar o filtrado para o liquidificador. Acrescentar por último as sementes germinadas. Coar se for semente com casca ou beber imediatamente se for semente sem casca.

Vitamina da Lua

Esta receita é preparada basicamente com a semente de linhaça hidratada e suco fresco de limão. Enquanto a semente de girassol tem sincronia com a energia solar, a semente de linhaça sincroniza-se com a energia da Lua. Assim, enquanto o girassol nos facilita com as qualidades do masculino – ação, externo, dia, quente –, a linhaça nos facilita com as qualidades do feminino – ir para dentro, refletir, silêncio, acolher. Ver Imagem 2 no caderno de fotos.

Linhaça e limão, uma dupla com sabor e ação fortemente adstringente, dissolvem nossas gorduras em excesso e todas as nossas diferenças: conosco e com o universo que nos cerca. Assim, esta vitamina trabalha muito bem as seguintes dificuldades:

- ◆ Problemas com o feminino de cada um de nós, homens e mulheres. Nas mulheres, vai trabalhar útero, ovários e toda a capacidade de gestar, amamentar, magnetizar e acolher. Nos homens, o sistema cardiovascular, por extensão sua genitália e capacidade de doar e sentir prazer com o feminino (interno-consigo e externo-com os outros).
- ◆ Problemas de relacionamentos pessoais e interpessoais, já que um dos principais fenômenos da função adstringente é dissolver diferenças. Favorece a socialização de crianças, adolescentes e adultos de todas as idades.
- ◆ Problemas de pele, pelo mesmo motivo anteriormente citado, já que é a fronteira entre nós e o mundo. Há pessoas que conseguiram bons e ótimos resultados no trata-

mento de psoríase, rosáceas, acnes, ressecamento (pele, unhas e cabelos) e alergias.

Ingredientes: 2 colheres (sopa) de semente de linhaça, 10 colheres (sopa) de água filtrada ou de coco-verde, 2 colheres (sopa) de suco fresco de limão, 1 xícara (chá) de água filtrada (ou de coco-verde).

Preparo: Colocar a linhaça para hidratar por oito horas na água filtrada ou na água de coco. Colocar a linhaça hidratada (não precisa lavar) no liquidificador e acrescentar o suco de limão e o restante da água, e bater até obter uma vitamina cremosa. Coar na panela furada para tirar as casquinhas da linhaça é opcional.

Lembrar que no lugar da água pode ser adicionada 1 xícara (chá) de fruta doce da estação (picada), como maçã (também adstringente), mamão-formosa, manga, banana, fruta-do-conde etc. Com a adição da fruta, a vitamina terá sabor doce e deverá ser consumida imediatamente após o preparo.

Nota: Caso você NÃO tenha problemas de síndromes do intestino irritável (SII) ou de lidar com os pedacinhos das fibras da casca da semente, não precisa coar.

Como fazer a Vitamina da Lua: essa é para relaxarmos com nossa companhia!

https://www.docelimao.com.br/site/linhaca/958-vitamina-da-lua.html

Chás desintoxicantes

Em geral, preparo infusões para usos diversos. Bons exemplos são os chás de camomila (tratamentos de pele ou digestivo) e de orégano (tratar garganta e outras inflamações). Para um chá bem forte, coloco 1½ xícara (chá) de água para ferver. Antes de iniciar fervura, desligo o fogo e adiciono 1 colher (sopa) da erva escolhida. Tampo com um pires e deixo em infusão por 10 minutos. A seguir, mais algumas receitinhas.

Emagrecedor e adeus celulite

Ingredientes: 2 L de água, a casca e polpa de 1 laranja-pera, a casca e polpa de 1 limão, 1 colher (sobremesa) de sementes de erva-doce seca.

Preparo: Aquecer a água e, antes de iniciar a fervura, acrescentar todos os ingredientes e desligar o fogo. Deixar em infusão por 10 minutos e tomar ao longo de todo o dia, como substituto da água. Fazer este tratamento por um mês, dar um intervalo de 1 semana e repetir. Ver Imagem 3 no caderno de fotos.

Emagrecedor, refrescante e vitalizante

Ingredientes: 2 xícaras (chá) de água filtrada, 1 colher (sopa) de flor de hibiscus, 1 colher (sopa) de capim-limão, 1 limão médio em rodelas.

Preparo: Aquecer a água e, antes de iniciar a fervura, acrescentar todos os ingredientes e desligar o fogo. Deixar em infusão por 10 minutos e tomar ao longo de todo o dia, como substituto da água. Fazer este tratamento por um mês, dar um intervalo de 1 semana e repetir (ver Imagem 3 no caderno de fotos).

Digestivo e desintoxicante

Ingredientes: 50 g de cada uma das seguintes ervas secas: carqueja doce (opção: carqueja comum, porém o chá terá sabor mais amargo), hortelã (serve qualquer representante das mentas), melissa (opções: dente-de-leão ou erva-cidreira), camomila, erva-doce, capim-limão e boldo-do-chile.

Preparo: Colocar todas as ervas em um frasco de vidro com tampa e manter em local fresco e sombreado. Ferver 1 L de água filtrada. Cortar 1 limão médio inteiro (casca e polpa de qualquer variedade) em rodelas. Segundos antes de iniciar a fervura da água, acrescentar o limão fatiado e 1 colher (sopa) da mistura de ervas. Desligar o fogo e tampar a chaleira. Deixar em infusão por dez minutos. Após deixar as ervas dentro da infusão por oito horas, seu sabor será bem amargo, porém recomendo que seja feito desta forma, pelo menos durante os sete primeiros dias do tratamento. No caso de diabéticos, também recomendo este procedimento, para acelerar a doçura interna e não ser dependente da doçura externa. Tomar este chá (morno ou fresco) ao longo do dia como se fosse água. Pode ser usado no preparo dos sucos desintoxicantes.

Remédios caseiros

As receitinhas a seguir podem ser usadas em diversas ocasiões, para tratar de inúmeros problemas de saúde que uma vida sedentária causa em nosso organismo. Em todas elas, eu indico como preparar o remédio e de que forma utilizar para obter todos os benefícios.

Água de melissa das Carmelitas

Foi muito usada nos séculos XVIII e XIX, e tinha como objetivo tratar e curar os males do sistema nervoso. Nos tempos atuais, acredita-se que tem o poder de interromper a dependência de drogas.

Ingredientes: 350 g de folhas e flores de melissa fresca, 75 g de casca de limão, 40 g de canela em pau, 40 g de cravo, 40 g de noz--moscada, 20 g de sementes de coentro e 20 g de raiz de gervão.

Preparo: Macerar tudo em 2 L de álcool de cereais diluído com ½ L de água destilada. Colocar tudo em um vidro escuro com tampa e deixar descansar (maturar) por oito dias. Coar e tomar todas as noites 1 colher (café) diluída em 1 xícara (chá) com água morna e gotas de mel.

Xarope Molotov

Indicado para problemas respiratórios e para o fortalecimento da saúde, este xarope é muito forte e pode causar reações fisiológicas como calor, transpiração, tonturas etc. Por isso, começar com 1 colher (sopa) e depois, se necessário, chegar até 3 colheres (sopa) por dia. Esta é a receita básica; na falta de algum ingrediente, adicionar ou substituir por outras plantas indicadas para o sistema respiratório, como o alecrim e a malva.

Ingredientes: 2 xícaras (chá) cheias de cascas de árvore (barbatimão, angico, nó-de-pinho, aroeira, mulucum, jatobá e alcaçuz; romã fresca ou seca) cortadas em pedaços pequenos, 2 xícaras (chá) de alfavaca, cravo-da-índia, gengibre e poejo, 8 a 10 limões cortados em 4 partes, folhas de guaco fresco, 10 a 15 dentes de alho com casca, 1 xícara (chá) de melado de cana, 2 xícaras (chá) de mel.

Preparo: Numa panela grande, com capacidade para 20 L, acrescentar todos os ingredientes (menos o melado e o mel) e cobrir com água. Ferver até reduzir a menos da metade ou obter a consistência de um xarope. Retirar do fogo e coar em um pano limpo. Voltar o líquido puro ao fogo, acrescentar o melado e ferver novamente até concentrar mais um pouco. Desligar o fogo e deixar esfriar. Quando estiver morno, adicionar o mel e misturar bem. Embalar em frascos limpos de vidro e manter sempre na geladeira, porque pode fermentar, por até seis meses.

Pó Digestivo Chooran

Esta é uma alquimia solarizada, um pó usado pela medicina aiurvédica para estimular e tratar todo o sistema digestório (desde as papilas até a excreção). Durante a mistura com o suco fresco de limão, todas as partículas são envolvidas com a informação terapêutica do limão, o que intensifica sua ação digestiva. E, com a solarização, cada uma dessas partículas será atomizada com a energia (fótons) do sol, potencializando seu poder de desintoxicação, harmonização e cura. Usar uma colher rasa (café) desse pó seco com ½ copo de água morna com suco fresco de ½ ou 1 limão pela manhã em jejum, quando não puder tomar o suco desintoxicante, e logo após as refeições principais. Algumas pessoas se sentem melhor tomando o Chooran trinta minutos antes das refeições. Faça sua experiência. Você pode ajudar mais ainda a "exorcizar as gordurinhas e os sapos" usando esse pozinho para temperar suas saladas, sanduíches e refeições mais calóricas.

Ingredientes: 150 g de sementes de erva-doce (1½ xícara), 75 g de folhas ou sementes (secas) de orégano (3½ xícaras), 7,5 g de sal integral (1 colher (sobremesa)) e suco fresco de vários limões.

Preparo: Triturar no liquidificador as sementes com o sal até obter um pó. Derramar o pó num pirex. Acrescentar aos poucos o suco fresco do limão e misturar até obter uma pasta molhada. Cobrir com um tecido de filó e prendê-lo com pregadores na borda do pirex. Levar para desidratar ao sol, mexendo a cada quinze minutos para acelerar a secagem, que deve acontecer em duas ou três horas, dependendo da intensidade do sol. Voltar a pulverizar no liquidificador. Conservar num frasco de vidro escuro com tampa.

Picles indiano de limão

Receita da milenar medicina aiurvédica, um tratamento exemplar para problemas crônicos e agudos de digestão e úlcera. Ao estimular todas as papilas, por meio da presença de seis sabores, são acordados como os demais sistemas excretores. Portanto, o consumo diário destes picles acorda todos os cinco sentidos humanos, viabilizando não só a saúde física, mas a presença, o centrar-se e o estado meditativo.

Estes picles contêm os seis sabores: amargo e adstringente da casca do limão; ácido do suco; salgado dos sais do limão e do sal integral; doce da frutose do limão e do mel; e picante da pimenta e da casca do limão, além de outros "buquês" oferecidos pelas ervas e condimentos que acordam e ativam todos os elementos e sistemas excretores. Eles têm o poder de acordar e limpar todas as papilas e, por consequência, todos os órgãos do sistema digestório e excretor. Seu consumo diário impede o desenvolvimento de problemas gástricos e digestivos no organismo. Torna-se mais poderoso quanto maior seu tempo de maturação. Seu poder terapêutico também está no fato de a casca, com todas as suas propriedades medicinais, ser fermentada no suco da própria fruta e no sol.

A receita original é com o limão-siciliano, porém pode ser preparada com qualquer variedade. O mais importante é que seja um limão da safra, maduro e fresco. Rende 4 frascos de 380 ml. Consumir 1 ou 2 pedaços, diariamente, com o almoço. Não consumir à noite ou no jantar.

Ingredientes: 24 limões médios, 4 colheres (sopa) de semente de cominho (30 g), ½ xícara (chá) rasa de semente de coentro (30 g), 1 colher (sopa) de semente de mostarda (15 g), 1 colher (sobremesa) de pimenta-do-reino preta em grãos (8 g), 2 unidades (4 g) de noz-moscada ralada, 2 colheres (sopa) de sal grosso (30 g), 4 colheres (sopa) de melado de cana ou mel (60 g).

Preparo: Lavar os limões em água limpa, esfregando com uma escovinha e sabão. Enxugar com um pano limpo e seco. Cortar 12 limões em 8 partes iguais e reservar. Os outros 12 limões devem ser cortados primeiramente ao meio e espremidos. Reservar o suco. Cada metade já espremida (carcaça) deverá ser cortada também em 4 partes iguais. Colocar todos os limões já picados (espremidos e não espremidos) num pote de vidro transparente (não pode ser de outro material). Acrescentar as especiarias previamente moídas no liquidificador + o sal marinho e o melado de cana ou mel. Acrescentar o suco dos limões, tampar e agitar para impregnar todos os pedaços de limão com os condimentos. Manter o pote sob luz solar direta por no mínimo trinta dias. Durante esses trinta dias, é fundamental agitar o pote diariamente (1 ou 2 vezes por cinco minutos) para favorecer a integração dos sucos e condimentos com as cascas do limão. É importantíssimo não deixar que nenhuma água ou utensílio úmido entre em contato com os picles antes dos trinta dias de maturação, para evitar que se formem fungos.

Picles marroquino de limão

Usar pétalas desta "flor" (picada ou inteira) no preparo do arroz, ensopados, feijão, assados etc., pois vai tornar a refeição mais digerível e lhe conferir um sabor exótico. Ver Imagem 4 no caderno de fotos.

Ingredientes: Doze ou mais limões, de acordo com o tamanho do frasco onde será preparado, sal integral, água filtrada e azeite de oliva. A receita original é com limão-siciliano, mas pode perfeitamente ser preparada com limões de todas as variedades.

Preparo: Usar um pote de vidro (incolor e transparente) de boca larga e com tampa de boa vedação. Lavar e esterilizar muito bem. Cortar os limões em 4 "pétalas" no sentido longitudinal, sem, contudo, separá-las. Abrir como uma flor, colocar bastante sal integral dentro e ir arrumando-os na posição emborcada para o fundo do frasco (polpa para o fundo e casca para cima). Apertar bem uns sobre os outros, de forma que fique o mínimo de ar entre eles. Ao final, acrescentar água filtrada para ocupar todos os espaços vazios, e vedar com azeite de oliva, de forma que a coluna de azeite (1 cm) cubra totalmente os limões (fermentação anaeróbica). Tampar bem o frasco. Deixar em lugar que pegue bastante sol por quatro semanas no mínimo. Atenção: não precisa agitar diariamente.

Farinha de limão

Se desidratada ao sol, esta farinha é muito forte, riquíssima em monoterpenos, fibras como a pectina e a celulose, citrina (vitamina P) e sais minerais. Trata diabetes (pelo seu teor elevado de pectina), problemas digestivos, cardiovasculares, respiratórios e de baixa imunidade (pelo seu teor de óleos essenciais, principalmente quando seca somente com a energia solar). Usar 1 colher (café) por pessoa para colocar em sucos, chás, lanches e sopas desintoxicantes. Pode ser colocada também em arroz, massas, ensopados e no feijão, para deixar a comida mais digerível e evitar gases. Não consumir mais que 3 colheres (café) por dia.

Ingredientes: Metades espremidas de limões, lavadas em água corrente para eliminar resíduos do suco e deixadas emborcadas num escorredor por uns dez minutos para drenar a água em excesso. Juntar essas metades num saco plástico e colocar no freezer até atingir uns 10 a 12 limões no mínimo (20 a 24 carcaças).

Preparo: Cortar as carcaças em 4 e triturar tudo no liquidificador. Atenção: não adicionar água. As cascas trituram facilmente, formando uma farinha grossa e úmida, que deve ser descarregada sobre um pirex. Se der muita farinha, divida-a em vários pirex, de forma que a camada fique com no máximo 1 cm de espessura. Não compactar. Deixar a farinha bem solta para facilitar a desidratação. Cobrir com um tecido de filó, prendê-lo com 4 pregadores, e levar para desidratar ao sol (longe de animais, crianças, sujeira e poluição). A cada trinta minutos revolver para acelerar a desidratação. Em geral, se colocada pela manhã num dia ensolarado, no meio da tarde já estará pronta. Ou seja, durinha e crocante, numa cor verde bem clara (se for usado limão-taiti).

A outra opção de desidratação, embora não seja ideal, é no forno mínimo. Atenção: deixar a porta do forno levemente entreaberta para garantir que não haja superaquecimento, e revolver sempre para evitar que queime no fundo e laterais. Após seca, retirar do forno e deixar esfriar. Aqui, todo cuidado é pouco para evitar o superaquecimento, mas a farinha fica com uma cor bege-clara (se for usado limão-taiti).

Colocar essa farinha grossa em frasco de vidro com tampa e manter na geladeira. Triturar a porção que será consumida durante a semana, passando novamente pelo liquidificador até obter uma farinha mais fina. Peneirar e colocar a farinha obtida num frasco com tampa. Manter na geladeira.

CAPÍTULO 9

As receitas terapêuticas de uso externo

> *"Ando tão à flor da pele que basta um toque da brisa para que eu me desfolhe em poesia."*
>
> EDNA FRIGATO

Conforme já comentado nos capítulos anteriores, o limão apresenta propriedades fantásticas quando usado externamente. Suas principais funções são:

- adstringente (reduz a oleosidade da pele e couro cabeludo);
- bactericida, fungicida e antibiótico;
- conservante (pela ação tamponante);
- clareador, agente antimanchas;
- ativador da circulação (OE).

Este capítulo dedica-se às receitas nas quais o limão vai desempenhar sua ação terapêutica, a partir de fórmulas naturais para tratamentos externos, uso tópico, de cuidados do corpo e da beleza.

Na primeira sequência de receitas, o limão fresco (suco e/ou casca) será o principal agente ativo. No segundo bloco, nas receitas da aromaterapia, o óleo essencial (OE) do limão, com seus componentes monoterpênicos e seu fresco aroma cítrico, será usado para tratar celulite, problemas circulatórios e outros problemas de ordem emocional.

Tratamentos via limão fresco

É importante lembrar, mais uma vez, que o limão, principalmente seu suco, contém substâncias fotossensibilizantes, ou seja, que causam manchas e queimaduras na pele, quando em contato com a luz solar. Durante qualquer tratamento antimanchas, tomar sol é proibido e usar filtro solar é fundamental. E todo tratamento antimanchas deve ser realizado somente no outono e no inverno, quando os raios solares estão mais brandos.

Portanto, todo tratamento de uso externo com o limão exige o cuidado da lavagem com água abundante do local onde foi aplicado (mãos inclusive), finalizando com um filtro solar. Sempre que possível, realizar o tratamento à noite, para evitar problemas. Ver todos os cuidados com o limão no Capítulo 7.

Lembrar que o regenerador celular e bactericida age como filtro solar FPS 8, sem inibir o estímulo para a produção da vitamina D.

Colírio homeopático

O limão precisa estar maduro, ser da estação, de cultura orgânica ou do quintal, estar bem higienizado com água limpa e ser seco numa toalha limpa de algodão. Evitar usar faca, motivo pelo qual prefiro o limão-cravo, que abro com as mãos. Caso seja necessário usar faca, assepsia total é muito importante.

Ingredientes: 3 ml de água destilada, 3 ml de soro fisiológico, 3 gotas de suco fresco de limão

Preparo: Colocar num frasco conta-gotas assepticamente limpo, agitar e manter na geladeira. Pingar várias vezes ao dia. Validade: doze horas.

Elixir para gengiva e mau hálito

Ingredientes: ½ xícara (chá) de vodca, 10 gotas de OE de limão, 15 gotas de OE de bergamota, ½ xícara (chá) de água pura.

Preparo: Misturar a vodca com os OEs numa garrafa e agitar bem. Deixar a mistura repousar por uma semana. Durante este tempo, agitar a garrafa uma vez ao dia. Depois, é só diluir uma parte deste preparado em 3 partes de água pura. Usar este elixir para gargarejar ou fazer uma simples lavagem da boca. Nota: usar apenas para lavar, não ingerir.

Tratamento de pés rachados e mãos ressecadas

Como o suco de limão usado não contém conservantes, prepare somente a quantidade a ser usada em uma aplicação. No dia seguinte, prepare nova porção e assim por diante.

Ingredientes: 1 colher (sopa) de suco fresco de limão, 1 colher (sopa) de glicerina líquida (de farmácia), 1 colher (sopa) de álcool de cereais.

Preparo: Misturar todos os ingredientes. Passar nos pés e mãos à noite antes de deitar-se. Sempre à noite e com meias (ou luvas), para evitar manchas e a fim de proporcionar maior absorção. Pela manhã retirar tudo com um bom banho. E, na sequência, passar um óleo de regeneração celular ou creme hidratante de sua preferência. Aproveitar para fazer aquela massagem carinhosa nos seus pés e mãos. Repetir esta operação diariamente até curar, o que deve ser rápido.

Açúcar, mel e limão, doce esfoliação

Para esfoliar e clarear a pele das mãos e dos pés, nada melhor do que o açúcar misturado com mel e gotas de limão. Forme uma pasta e aplique com movimentos circulares delicados nas mãos e nos pés. Curta o contato, os estímulos sensoriais do áspero e do melado, os aromas. Deixar repousar por 10 minutos e retirar com água morna, e água fria na sequência. Então, passar um óleo de regeneração celular ou creme hidratante de sua preferência. O ideal é realizar este procedimento ao final da tarde ou à noite, para evitar sair e tomar sol.

Loção refrescante e tratamento de acne

Ingredientes: Suco fresco de ½ limão, 1 xícara (chá) de água filtrada ou mineral.

Preparo: Espremer o limão, coar e adicionar à água. Aplicar no rosto limpo com o auxílio de uma bolinha de algodão, evitando passá-la na área próxima aos olhos, para não ressecar. Se o limão causar irritação à pele, aumentar a quantidade de água para 2 xícaras (chá). Deixar agir por alguns segundos e lavar com água abundante.

Máscara para pele mista e rugas

Ingredientes: 2 colheres (sopa) de gel de linhaça, 1 colher (chá) de azeite de abacate, suco fresco e coado de ½ limão.

Preparo: Misturar tudo e bater como se fosse clara em neve para aerar bem. Aplicar nas áreas oleosas do rosto. Ao mesmo tempo, preparar 1 colher (chá) de gelatina incolor em ½ xícara (chá) de água. Aquecer a água e dissolver a gelatina. Quando começar a endurecer, aplicar com a ponta dos dedos nas áreas onde a pele estiver seca. Permanecer em repouso por trinta minutos. Lavar o rosto com água levemente morna e, depois, borrifar com água fria.

Máscara de beleza

Para limpar, hidratar, regenerar e revitalizar a pele do rosto. Misturar 1 colher (sopa) de mel, suco fresco de 1 limão e germe de trigo cru, até obter uma consistência pastosa. Aplicar no rosto, evitando a área muito próxima aos olhos. Deixar agir por trinta minutos. Retirar e lavar a pele com água mineral, friccionando suavemente com uma esponja vegetal.

Máscara rejuvenescedora

Para ativar a circulação facial. Misturar 1 colher (sopa) de argila branca com o suco fresco de limão, até obter uma consistência pastosa. Aplicar no rosto, evitando a área muito próxima aos olhos. Deitar-se em posição relaxada e deixar agir até secar. Retirar e lavar a pele com água mineral, friccionando suavemente com uma esponja vegetal. O rosto vai esquentar e ficar bastante irrigado (oxigenado), portanto é ideal, logo após a retirada da máscara, passar um bom creme hidratante e nutritivo.

Loção para tirar manchas da pele

Colocar flores de sabugueiro no fundo de um frasco de vidro pequeno (tampa larga). Cobrir as flores com rodelas de limão (polpa e casca). Montar as camadas assim alternadas até encher o vidro. Completar com água filtrada. Deixar em repouso por 24 horas. Filtrar sem espremer e guardar na geladeira. Aplicar na pele, toda noite, esta loção gelada. Não tomar sol durante o tratamento.

Loção refrescante para mãos e rosto

Ingredientes: 1 limão, 2 xícaras (chá) de água.

Preparo: Cortar o limão ao meio, cobrir com parte da água e levar ao fogo brando em vasilha refratária ou de ágata. Quando o limão estiver macio, retirar do fogo e bater com o restante da água no liquidificador. Colocar num pote com tampa e guardar na geladeira. Usar nas mãos para amaciar e branquear, especialmente após lidar com sabões e detergentes, ou depois de descascar legumes que mancham a pele. Para aplicar no rosto, é aconselhável diluir em água, na proporção de 1 colher (café) deste chá para ½ xícara (chá) de água fria.

Máscara para cabelos quebradiços

Ingredientes: 1 colher (sopa) de suco fresco de limão, 2 colheres (sopa) de polpa de abacate bem maduro, 1 colher (sopa) de azeite de babaçu (ou de abacate), 2 colheres (sopa) de gel de babosa.

Preparo: Misturar os ingredientes até virar uma pasta homogênea. Aplicar nos cabelos. Envolver com uma touca ou toalha quente e deixar agir por vinte minutos. Lavar e enxaguar. Usar a última água do enxágue com gotas de limão para dar mais brilho. Ver Imagem 5 no caderno de fotos.

Cabelos oleosos

Ingredientes: 1 maçã sem casca nem sementes, suco fresco de ½ limão, ¼ de copo de água filtrada.

Preparo: Bater tudo no liquidificador, coar e aplicar nos cabelos já limpos. Deixar agir por quinze minutos. Lavar e enxaguar, usando a última água com gotas de limão.

Spray para cabelos oleosos

Cozinhar numa vasilha refratária 1 limão cortado ao meio em 2 xícaras (chá) de água até que ele fique bem macio. Coar numa gaze e adicionar 2 gotas de OE de lavanda. Guardar na geladeira, numa embalagem de spray. Com esse spray, os cabelos adquirem volume sem os riscos normalmente causados pelos aerossóis, que costumam conter produtos agressivos.

Pré-xampu

Para remover produtos que ficaram no cabelo, como condicionador, mousse, gel, protetor solar e pomadas.

Ingredientes: 1 xícara (chá) de água filtrada, ¼ xícara (chá) de vodca; suco fresco de 1 limão.

Preparo: Numa jarra de vidro, misturar bem os ingredientes. Aplicar nos fios. Enxaguar. Lavar com seu xampu e condicionador. Usar 1 vez por semana.

Tratamentos via aromaterapia

O consumo dos sucos desintoxicantes contendo o suco fresco de limão é um recurso fabuloso para deixar sair o velho, inclusive a celulite e os excessos de gordura corporal. Entretanto, existem alguns tratamentos com o OE de limão que devem ser integrados, para trazer outros benefícios e acelerar o processo de transformação.

Todos os óleos essenciais (OEs) das receitas deste livro devem ser puros e resultantes da extração de diferentes partes das plantas. Comprar somente de fornecedores idôneos. Não usar essências, pois, apesar de apresentarem aroma semelhante ao dos óleos essenciais, elas são produtos sintéticos, portanto sem propriedades terapêuticas.

Estimulando o olfato com OEs

Misturar partes iguais destes OEs num frasco escuro com tampa dosadora. Usar todos ou somente aqueles com as indicações com as quais sentir necessidade de trabalhar. Diluir 5 gotas da mistura em ½ copo de água e colocar em um difusor ou aromatizador de ambientes. Se preferir, pingar 2 ou 3 gotas do OE (mistura) num lenço e cheirar quando achar necessário.

Limão: ativa o contato com as verdades internas, trazendo a necessidade de fluir na ação construtiva. Reforça as imunidades naturais, a eliminação das toxinas e fluidifica o sangue.

Lavanda: excelente harmonizador de ambientes, é antidepressivo e calmante.

Laranja: sedativo, é indicado para insônia, excesso de pré-ocupações e tensão nervosa.

Rosa ou palma rosa: essência da autoestima, atua no coração, afastando a tristeza, desgosto e depressão.

Gerânio: absolutamente feminino. É depurativo e regenerador celular. Também trabalha a autoestima.

Erva-doce: atividade desintoxicante e estrogênica, auxilia na regulagem hormonal.

Junípero: diurético, favorece a eliminação natural dos detritos renais e o emagrecimento.

Banho relaxante

Usar os OEs para tomar um banho relaxante à noite e repor as energias para o dia seguinte, aplicando 1 gota de cada OE na esponja do chuveiro ou 3 gotas de cada na água da banheira. Veja as características para o seu momento:

Limão: desintoxica, baixa a dor e as tensões.

Cedro: combate o excesso de oleosidade da pele e trata estados crônicos de ansiedade.

Lavanda: calmante, sedativo, antidepressivo e equilibra as emoções.

Menta: refrescante, utilizado para reduzir o cansaço mental.

Banho energizante

Usar pela manhã para enfrentar os desafios do dia com mais energia. Misturar 1 gota de cada OE na esponja de banho.

Limão: refrescante e tem efeito tonificante, além de antisséptico e adstringente. Traz a vontade de estar positivo e construtivo.

Bergamota: poderoso antisséptico e indicado no tratamento da depressão. Eleva a autoestima.

Laranja-pera: refrescante e estimulante, revigora os sentidos, reduz o cansaço mental e a depressão.

Patchuli: apresenta um aroma peculiar que lembra o cheiro de terra. Atua como tônico para o sistema nervoso e o corpo em geral, sendo considerado um importante antidepressivo, além de afrodisíaco.

Para desintoxicar o organismo

O estado emocional conta muito na batalha contra o excesso de gordura corporal. O uso dos OEs da aromaterapia neste óleo de massagem desintoxicante pode ser um recurso poderoso para harmonizar físico, emocional e mente, trazendo inclusive uma expansão de consciência.

Antes de iniciar um tratamento, é necessário entrar em contato com as causas dos desequilíbrios, removê-las e conseguir, assim, chegar à harmonia e ao bem-estar consigo mesmo.

É nesse estado de equilíbrio que o corpo, por si próprio, colocará seus limites, receberá somente o que é bom para ele – por saber o que precisa – e recuperará a saúde e a beleza que lhe são naturais.

Para começar qualquer processo, é indispensável querer realmente e agir. Espiritualidade, é colocar a sabedoria na ação, ou seja, assumir um compromisso.

Ingredientes: 60 ml de óleo vegetal carreador (girassol, linhaça, babaçu, abacate ou misto), 6 gotas de OE de erva-doce, 12 gotas de OE de limão, 6 gotas de OE de capim-limão.

Preparo: Misturar todos os ingredientes e usar conforme indicado.

Formas de uso: Para ativar a circulação periférica e acelerar a eliminação de toxinas, com efeito anti-inflamatório, combatendo varizes, pernas pesadas e celulite: massagear com movimentos circulares os pontos de celulite.

As pernas e coxas devem ser massageadas de baixo para cima. Pode-se fazer uso de uma escova para ativar a desintoxicação, a circulação e a esfoliação. Ao final, colocar as pernas para o alto para ajudar no relaxamento e na absorção dos agentes ativos dos OEs e vegetais. Aplicar à noite 2 ou mais vezes por semana nas pernas e locais com celulite e gordura localizada, e deixar agir até o dia seguinte.

Para tratar a prisão de ventre, ativar a circulação periférica, acelerando a eliminação de toxinas e "acordando" a peristalse e todo o sistema digestório: por uns cinco minutos, massagear todo o abdome, com movimentos vigorosos (como se estivesse despertando todos os seus órgãos internos), desenhando vários círculos no sentido horário.

Realizar este procedimento diariamente: pela manhã, antes de levantar-se, e à noite, após se deitar.

Massagem corporal para obesidade

Preparar um óleo de massagem com ½ xícara (chá) de óleo de germe de trigo (ou gergelim), 10 gotas de OE de limão, 20 gotas de OE de gerânio, 20 gotas de OE de junípero (ou zimbro) e 10 gotas de OE de cipreste. Guardar em frasco de vidro escuro com tampa. Usar à noite após o banho. Beber um dos chás desintoxicantes do Capítulo 8.

Massagem corporal para celulite

A aromaterapia pode ajudar no tratamento e na redução da celulite, fenômeno que incomoda quase todas as mulheres, tanto as que estão acima do peso como as magras. O tecido com celulite é o resultado de vários fatores desarmônicos, como hormonais, alimentação, estresse e outros; mas, em síntese, pode ser explicado pela má circulação e oxigenação daquela região. Assim, é fundamental mudar alguns hábitos, reeducar a respiração e estimular a drenagem desses locais, para que as toxinas sejam retiradas do organismo. Para acabar com o aspecto de "casca de laranja" nas coxas, quadril e abdome, podemos fazer uso das funções terapêuticas dos OEs, massageando as áreas com celulite, para ativar a circulação e a eliminação das impurezas das células.

Mistura 1: 3 gotas de OE de limão, 3 gotas de OE de hortelã-do-campo, ½ copo de gel fresco de babosa (bater folhas inteiras num processador e coar), bandagens. O OE que possui maior efeito sobre a circulação local é o de hortelã-do-campo, dado seu alto teor de mentol. O OE de limão, comparado aos outros cítricos, é o mais potente (ao menos de forma localizada), dado seu elevado teor de terpenos, que agem profundamente nos tecidos, dissolvendo gorduras e ativando a circulação. Aplicar o gel com movimentos circulares. Envolver a área com as bandagens e deixar agir por trinta a sessenta minutos. Tomar um banho e permitir-se relaxar.

Mistura 2: 3 colheres (sopa) de óleo vegetal de semente de uva, 3 colheres (sopa) de óleo vegetal de gergelim (ou girassol), 2 gotas de OE de limão, 2 gotas de OE de alecrim, 2 gotas de OE de junípero, 2 gotas de OE de gerânio. Misturar primeiro os óleos vegetais e depois adicionar os OEs. Iniciar a massagem pelas pernas, logo acima do joelho, com movimentos circulares em sentido horário. Ir subindo, massageando em direção à virilha. Caprichar na área das coxas e do glúteo. Para potencializar o tratamento, cobrir a região com filme transparente. Esperar 45 minutos e depois tomar um banho relaxante para completar a sessão de beleza. Praticar este ritual 2 vezes por semana.

Banho emagrecedor

Para que este banho traga resultados, deverá ser tomado uma ou mais vezes por semana, e eles serão mais evidentes se você estiver cuidando da alimentação balanceada e desintoxicante, se hidratando adequadamente e praticando uma atividade física de forma saudável.

Preparar uma infusão com 30 g das seguintes ervas: casca de limão, lavanda e alecrim. No total são 90 g de ervas para 2 L de água. Antes, escovar todo o corpo durante dez minutos, para ativar a circulação sanguínea. Usar para tal uma bucha vegetal com 1 ou 2 gotas de OE de limão. Tomar uma ducha vigorosa para limpar o corpo, usando um sabonete de aveia/algas marinhas ou esfoliante (germe de trigo, sementes de papoula etc.).

Encher a banheira de água morna e colocar a infusão de ervas coadas. Acrescentar a um pouco de álcool 3 gotas de cada um dos seguintes OEs: junípero, limão e alecrim. Agitar e acrescentar ao banho.

Enquanto relaxa na banheira, massagear vigorosamente nádegas e coxas com um esfregão, ou mesmo com as mãos. Se você não tem banheira, improvisar no chuveiro. Após vinte minutos, sair e secar-se, dando palmadinhas em todo o corpo. Fazer uma massagem com uma das receitas deste capítulo.

Óleo regenerador celular e bactericida

Esta fórmula especial da aromaterapia ativa a circulação periférica e acelera a eliminação de toxinas via pele. Acorda, relaxa e harmoniza. Trata problemas de pele em geral, equilibrando sua oleosidade, tanto de peles secas como oleosas e com acne, aliviando sinais de envelhecimento, curando desarmonias como pintas vermelhas (pré-câncer) e problemas circulatórios, além de amenizar problemas de psoríase e rosáceas. Um excelente bactericida, este óleo previne e trata históricos de candidíase (feminina e masculina) e hemorroidas. Trata a pele da barriga de gestantes, prevenindo estrias e alergias.

Existe um grande engano de que peles oleosas não devem ser tratadas com produtos oleosos. Saiba que os óleos vegetais desta receita são especiais para normalizar tais tipos de pele e seus problemas. E mais, os OEs são especiais para higienizar a pele e harmonizar o seu metabolismo. Ver QR Code (p. 102).

Ingredientes: 2 colheres (sopa) de óleo de linhaça prensado a frio (anti-inflamatório), 2 colheres (sopa) de óleo de calêndula (calmante e higienizador), 15 gotas de OE de lavanda (relaxante e regenerador celular), 25 gotas de OE de tea tree (bactericida e regenerador celular).

Preparo: Misturar todos os ingredientes e colocar num frasco escuro com tampa dosadora.

Forma de uso: Aplicar no rosto e pescoço (ou barriga) com massagens suaves e delicadas, para aumentar a circulação e, assim, ativar a desintoxicação e desinflamação. Deixar permanecer sobre a pele. O ideal é aplicar pela manhã, após o banho, e à noite, ao deitar-se. Para tratar candidíase ou hemorroidas, aplique 5 a 7 gotas no local logo após perfeita assepsia, 3 ou mais vezes por dia. Quando quiser prevenir, aplicar apenas 1 vez por dia.

Esfoliante corporal

Ingredientes: 120 g de fubá, 120 g de farelo de aveia, 120 g de sementes de erva-doce (batidas no liquidificador para granular), 10 gotas de OE de erva-doce, 10 gotas de OE de limão.

Preparo: Num recipiente de vidro, misturar os pós e acrescentar os óleos. Mexer vigorosamente, colocar num frasco escuro com tampa e reservar por alguns dias, enquanto os aromas se fundem.

Formas de uso: Usar como um granulado de limpeza de rosto e corpo. Para a celulite, fazer massagem nos quadris e coxas, em movimentos circulares, usando uma bucha vegetal e esfregando da cintura para baixo e dos joelhos para cima, o que deverá levar uns dez minutos. Em seguida, enxaguar-se usando uma ducha morna e, finalmente, uma ducha fria. Repetir a cada sete dias.

Esfoliante e hidratante 100% natural

Ingredientes: Base – 1 colher (sopa) de azeite de oliva, 1 colher (sopa) de óleo de semente de uva (ou azeite de abacate). Óleos essenciais – 8 gotas de OE de limão (estimula a circulação e tira manchas), 8 gotas de OE de cânfora branca (estimula a circulação), 8 gotas de OE de cipreste (combate celulite, estrias, varizes e estresse), 8 gotas de OE de gerânio (rejuvenesce as células). Agente esfoliante: farelo de aveia fina ou média (ou farinha de caroço de abacate).

Preparo: Misturar os óleos (base + OEs) e conservar em frasco de vidro escuro com tampa. Na hora do banho, usar uma colher de aveia misturada com gotas do óleo e passar suavemente, com movimentos circulares, sobre as áreas do corpo que desejar esfoliar.

Grãos de limpeza e antimanchas

Ingredientes: 12 gotas de OE de limão, 1 xícara (chá) de farelo de aveia (fina ou média), ½ xícara (chá) de amêndoas moídas (ou farinha de caroço de abacate), 10 ml de azeite de abacate, 1 colher (sopa) de mel.

Preparo: Colocar a aveia e as amêndoas em uma tigela. Em outra, misturar os óleos e o mel. Adicionar aos ingredientes secos, misturando bem. Transferir para um frasco limpo e seco.

Forma de uso: Colocar uma colher de grãos sobre a palma da mão e umedecer com um pouco de água. Esfregar levemente sobre o rosto (ou área com manchas), provocando uma esfoliação suave. Depois, lavar bem e hidratar a pele com o creme de sua preferência. Realizar este tratamento sempre à noite e no inverno, pois todo tratamento antimanchas é um potencial ativador de manchas. Usar o óleo regenerador celular e bactericida como FPS 8.

Tônico capilar e antiqueda + brilho nos cabelos

Colocar 5 gotas de OE de limão, 5 gotas de OE de alecrim, 5 gotas de OE de junípero e 5 gotas de OE de tomilho sobre 100 ml de sabonete líquido neutro. Na utilização do primeiro mês já há uma redução visível da queda. Usar por dois meses. Por conter alecrim, gestantes, hipertensos e pessoas com histórico de epilepsia não devem fazer uso desta receita.

Prevenir e tratar herpes

Esta solução estimula o sistema imunológico, atuando sobre as regiões afetadas com o vírus do herpes simplex-1 ou da herpes-zóster. Tem ação antiviral, anti-inflamatória, analgésica e refrescante. Ajuda na regeneração do tecido e na rápida secagem das bolhas. Atenção: somente para uso externo. Não pode ser usado para os casos de herpes nos olhos.

Ingredientes: 10 ml de álcool de cereais 70%, 4 gotas de OE de limão, 6 gotas de OE de bergamota, 4 gotas de OE de lavanda, 4 gotas de OE de tea tree.

Preparo: Misturar todos os ingredientes e colocar num frasco escuro com tampa gotejadora.

Forma de uso: Na evidência de que vai acontecer uma crise, ou nos primeiros dias da crise, aplicar na região afetada 3 ou 4 gotas a cada duas horas. Na persistência do incômodo ou dor, aplicar a cada uma hora. Para encurtar o tempo de tratamento e finalização da crise (um a cinco dias) é importante iniciar a aplicação imediatamente após o surgimento dos primeiros sintomas. No caso de herpes genital a aplicação local (com algodão embebido) deverá ser feita após diluição de 5 gotas desta sinergia em 1 colher (chá) de água.

Sinergia ansiedade-autoestima-insônia

Solução para desintoxicar, harmonizar, equilibrar e relaxar. Conferir serenidade e maior lucidez para poder encontrar as melhores soluções aos desafios da vida. Tratar a autoestima e a qualidade do sono.

Ingredientes: 120 gotas de OE de limão, 120 gotas de OE de laranja, 40 gotas de OE de lavandim ou lavanda.

Preparo: Adicionar diretamente no frasco de vidro de cor escura todos os ingredientes na ordem indicada. Colocar o gotejador e a tampa. Manter em local fresco e sem luz direta do sol.

Forma de uso: Durante o dia, usar 1 ou 2 gotas num aromatizador pessoal de cerâmica (colar) a cada duas ou três horas. Na crise, pingar 2 gotas num lenço ou algodão e cheirar procurando respirar num ritmo de aprofundamento e relaxamento. Antes de dormir, pingar 2 gotas num lenço de papel e colocar dentro do travesseiro. Use também no óleo de massagem, misturando 60 ml de óleo vegetal (gergelim, girassol etc.) com 30 gotas desta sinergia. Usar à noite para massagear as regiões do pescoço, ombro e estômago.

Óleo imunoestimulante

Ingredientes: 2 colheres (sopa) de óleo vegetal (gergelim, girassol ou babaçu), 4 gotas de OE de limão, 4 gotas de OE de lavanda, 4 gotas de OE de tea tree, 4 gotas de OE de tomilho.

Preparo: Misturar e guardar em frasco âmbar. Massagear o corpo ou áreas de fragilidade.

Florais de ambiente

Sobre a ação psicológica dos óleos cítricos, cientistas do Departamento de Fisiologia da Universidade de Siena, Itália, estudaram o efeito da inalação do OE de limão sobre o sistema nervoso de ratos. Eles puderam avaliar que o OE age baixando o teor de corticosterona nos animais por uma ação direta na hipófise, que produz um hormônio estimulante das suprarrenais, o ACTH. Esses hormônios estão associados ao estado de estresse e sensação de dor. Assim, uma menor produção significa uma maior capacidade de suportar a dor e uma diminuição dos estados de ansiedade.

As fórmulas indicadas a seguir estão voltadas exclusivamente para uso em ambientes, purificando espaços prejudicados energeticamente por situações conflituosas, presença de pessoas com algum tipo de desequilíbrio e as consequências derivadas desses estados. Observe nas fórmulas a opção da combinação sinergética da Tintura Mãe (TM) do Floral do limão (ver Capítulo 4) com os OEs da aromaterapia.

Fórmula 1: Indicado para tratar ambientes onde circulam pessoas com problemas respiratórios. Adicionar, sobre 100 ml de álcool de cereais, 10 gotas de OE de capim-limão, 10 gotas de OE de limão, 10 gotas de OE de Patchuli e 10 gotas de OE de manjericão. Opcional: acrescentar 10 gotas da TM do floral do limão. Pulverizar na casa 2 ou mais vezes por semana, principalmente em cantos, sobre tecidos, sofás, camas, armários etc.

Fórmula 2: Indicado para tratar ambientes com pessoas enfermas, convalescentes, vítimas de depressão ou fadiga. Adicionar, em ½ L de água pura, ½ L de álcool, 12 gotas da TM do floral do limão e 8 gotas de cada um dos seguintes OEs: limão, eucalipto citriodora e menta. Borrifar nos ambientes recomendados 2 ou mais vezes por semana.

Fórmula 3: Indicado para tratar ambientes onde predominam pessoas ansiosas, hipertensas, agressivas, descontroladas, facilmente irritáveis, vítimas de crises emocionais e estados crônicos de tristeza. Adicionar, em ½ L de água pura, ½ L de álcool, 12 gotas da TM do floral do limão e 8 gotas de cada um dos seguintes OEs: limão, laranja e rosa. Borrifar nos ambientes recomendados 2 ou 3 vezes por semana.

CAPÍTULO 10

O limão na culinária e no lar

Bah! Se você ganhar limões: divirta-se e faça limonadas!

Além dos sucos, dos chás e das receitas terapêuticas e estéticas que já vimos até aqui, o limão é um ingrediente ótimo para usarmos na cozinha, na hora que preparamos refeições cheias de vida e luz. Por ser uma fruta tão maravilhosa, esses benefícios não se restringem somente ao nosso corpo interior e exterior, mas também à nossa casa, uma extensão daquilo que somos, pode ser cuidada com toda essa luminosidade.

Comecemos com uma polêmica – Limão × Vinagre: qual a diferença?

É muito comum que as pessoas me perguntem se o vinagre substitui o limão no preparo de temperos ou em cozimentos. Embora ambos apresentem um sabor marcadamente ácido, trata-se de composições muito diferentes, apesar de potenciais subjetivos de agrado ao paladar.

De um lado, temos uma fruta, que é um alimento 100% natural, com todos os poderes terapêuticos relatados neste livro. Associado ao seu sabor ácido, que é proveniente do ácido cítrico, ácido málico e do ácido ascórbico (vitamina C), substâncias muito úteis ao metabolismo humano, o limão apresenta ainda uma grande gama de nutrientes e micronutrientes, o que lhe confere o poder de um alimento funcional ou superalimento.

O uso do limão nas refeições pode acelerar o metabolismo da digestão em até 30%, reduzindo assim a demanda ácida e as desmineralizações inerentes das refeições indigestas e de alimentos industrializados e ultraprocessados. No caso específico do preparo de carnes e outras proteínas, o suco do limão acrescenta uma qualidade muito positiva, que é a de, com seu pH ácido associado a uma ação enzimática, conseguir quebrar parcialmente as cadeias proteicas, auxiliando no trabalho digestivo e tornando tais alimentos mais leves e mais fáceis de digerir.

O limão, principalmente o taiti e o cravo, por sua robustez, dificilmente está contaminado com agrotóxicos, e tem oferta durante todo o ano. Com embalagem natural e aroma extremamente agradável, de fácil conservação e estocagem, não deve faltar nas despensas de todas as casas que valorizam a saúde.

Do outro lado temos o vinagre, que não é um produto natural, pois resulta de uma fermentação do açúcar de frutas (uva, maçã etc.) ou do álcool etílico, no qual predomina a presença do ácido acético (3% a 14%). Tal fermentação, realizada em escala caseira ou industrial, sempre terá risco de contaminações, fermentações inadequadas, erros de processamento, "batismos", embalagens inadequadas, estocagem inadequada, validade etc. Ou seja, a mão do homem!

> Há um slogan que uso para facilitar decisões dos meus leitores na hora de comprar e consumir certos "alimentos": "Industrializou? Fique alerta!".

Na indústria dos alimentos, tudo que não é comercializável, que não tem boa aparência, que é refugo, que está começando a estragar... vira vinagre. Veio uma safra muito boa? O que fazer com o que excedente? No caso das maçãs de Vermont (EUA), por exemplo, eles fizeram muito marketing, verticalizaram a margem de lucro e criaram o "fantástico" vinagre de maçã. Muito cuidado nesta hora: o que é bom para a indústria, não necessariamente é bom para a saúde.

O vinagre (vinho acre) ou ácido acético é um subproduto da morte dos alimentos. Sabe aquele projeto de vida que foi para o vinagre? Pois é! Naturalmente, todo alimento de origem vegetal, que contém açúcar, vai gerar vinagre na rota natural da putrefação. Um exemplo? Olfatar um abacaxi ou uma banana que passaram do ponto de maturação...

Então: você deseja se alimentar com alimentos que geram vida ou que representam o anúncio da morte?

Mais um exemplo? Qual o aroma dos principais molhos do *junk food*: *ketchup* ("molho de tomate") e molho de mostarda?

Já o aroma do limão tem "influências olfativas no humor e na função autônoma, endócrina e imunológica" (Janice K. Kiecolt-Glaser *et al*., 2008).

Ademais, na minha concepção, o ácido acético tem pouca utilidade metabólica para o organismo humano, causando acidez no meio humoral, devendo necessariamente ser excretado o mais rápido possível, porque, na sua passagem pelo organismo, deixa alguns lugares mais ácidos do que o ideal. Observe na figura a seguir o poder alcalinizante dos limões e acidificante dos vinagres.

Infelizmente, cientista que sou, pesquisando sobre os benefícios dos vinagres na alimentação e saúde humana, encontro muitas falácias, 90% das vezes sem referências e, quando há, são poucos estudos de peso com resultados seguros, inquestionáveis, bem referenciados.

Alimentos Muito Alcalinizantes
LIMÕES, Brotos (*alface, girassol, brócolis, beterraba, amaranto, gergelim, chia e lentilha*), Brócolis, Girassol, Amêndoas, Couves, Gramíneas, Tiririca (*Cyperus*), Plantas Espontâneas (*dente-de-leão, nabo forrageiro, trapoeraba, beldroega, mentrasto, serralha, caruru*), Pepinos, Acelga, Sal marinho integral, Salsas, Erva-doce, Espinafre, Grão-de-Bico, Coentro, Chicória, Lentilha, Feijão-azuqui e Orégano.

Bem Alcalinizantes
Abacates, Figo, Feijão-branco, Alho, Beterraba, Berinjela, Cebola roxa, Rúcula, Tomate, Quiabo, Vagem, Rabanete, Nabo, Aipo, Alfaces, Cebolinha, Manjericão, Pimentões, Gengibre, Cúrcuma, Mostarda (folhas), Chia, Radichio, Repolhos, Endívias e Melancia.

Médio Alcalinizantes
Abóboras, Aboblinha, Romã, Ruibarbo, Castanhas (*caju e portuguesa*), Batatas-doce, Alho-poró, Coco-verde e fresco, Linhaça, Ervilha, Agrião, Leites vegetais (*Amêndoas e coco*), Couve-flor, Aspargo, Sarraceno, Tomilho, Couves, Cenouras e Alcachofra.

Alcalinizantes
Leite de Arroz Integral, Feijão-preto, Arroz integral, Ameixa, Aveia, Avelã, Ervilha-torta, Cogumelos, Melões, Nectarina, Pera, Pistache, Tâmara e frutas secas, Cereja, Painço, Nozes, Cevadinha, Banana, Pêssego, Maracujá, Goiaba, Araçá, Cranberry, Damasco, Manga, Pimentas, Kiwi, Laranja (*orgânica*), Framboesa, Morango, Amora, Maçã e Uva.

Acidificantes
Álcool, Café, Pães de trigo, Frango, Carnes (em geral), Embutidos, Trigo, Soja, Gelatina, Ovos, Laticínios (*leite, queijo, manteiga e iogurte*), Peixes, Moluscos, Refrigerantes, Chá preto, Edulcorantes, Conservantes, Fermentos, Geleia, Mel, Ketchup, Maionese, Mostarda, Sucos industrializados, Vinagres, Sal refinado, Açúcares, Alimentos embalados/empacotados (ultraprocessados).

FIGURA 6 Comparação funcional entre suco fresco de limão, vinagres e outros alimentos.

Na tabela 11, faço uma comparação entre as propriedades terapêuticas do limão e as do vinagre, nas suas várias opções de uso e preparo.

Observar, na primeira linha da tabela, que compara o poder de cura no uso interno, que o limão é inegavelmente superior, dadas as suas propriedades:

- alcalinizantes, mineralizantes, cicatrizantes e depurativas do ácido cítrico;
- antioxidantes e revitalizantes da vitamina C;
- energéticas (o ácido cítrico faz parte do ciclo de Krebs = energia + respiração celular) e solventes de viscosidades e mucos;
- demais propriedades de todos os seus componentes ativos, como no sistema digestório, cardiovascular e respiratório.

O vinagre de maçã, por conter traços de pectina e sais de potássio, ainda contém algumas propriedades de cura. No entanto, o vinagre de maçã verdadeiro precisa ser de maçãs orgânicas e íntegras, o que gera um vinagre bastante caro relativamente aos demais vinagres. Exatamente para poucos!

O famoso vinagre conhecido como aceto balsâmico, os mais acessíveis, geralmente são composições de vinagre com corantes e outros aditivos. O verdadeiro aceto balsâmico, que leva 12 anos para ficar pronto e ser comercializado – que, aliás, tive a oportunidade de experimentar, dentro de um castelo produtor na Toscana italiana –, tem aroma acético muito discreto e um sabor absolutamente cítrico. Contudo, seu valor é exatamente para muito poucos.

Os demais vinagres não apresentam poder de cura e, ao contrário, podem até ser prejudiciais à saúde se consumidos regularmente.

Quando comparamos em uso externo, ele continua sendo superior, apesar de os vinagres também terem o seu efeito, principalmente nas formulações em que o que mais importa é o pH ácido.

Finalmente, quando comparamos o poder nutricional, pense no fato de que o limão é um alimento popular (inclusive cada dia mais presente nos quintais), acessível a todos, fresco e natural, portanto que ativa a vida. No tempero de saladas ou no preparo dos alimentos, sugiro, então, que ele seja o eleito.

TABELA 11 — Comparando a performance do ácido cítrico x ácido acético

	Suco fresco de limão	Vinagre comum	Vinagre balsâmico verdadeiro	Vinagre de maçã verdadeiro
Poder de cura (uso interno)	Alto	Baixo	Médio	Médio-baixo
Poder de limpeza do sangue	Alto	Baixo	Baixo	Baixo
Poder nutricional	Sim	Não	Médio	Não
Poder de cura (uso externo)	Alto	Baixo	Médio	Médio
Poder pré-digestão de proteínas	Sim	Não	Não	Não

Enfim, por que comprar vinagre se sempre temos limão na embalagem natural, com a validade certa, essa alquimia perfeita da natureza?

Sobre o vinagre de maçã

Alega-se que o vinagre de maçã possui várias propriedades terapêuticas, principalmente devido à grande quantidade de minerais e à presença de ácido málico.

O que acontece, no entanto, é que o teor de potássio, fósforo, magnésio, enxofre, cálcio, flúor e silício só será expressivo se as maçãs forem orgânicas (caso contrário, haverá concentração dos metais pesados nefastos presentes nos agrotóxicos da cultura convencional) e se o vinagre não for filtrado. Isso é raro em produtos industrializados, pois o consumidor, em geral, não gosta de ver material estranho no fundo das embalagens.

Dessa forma, para obter todo o seu potencial, o vinagre de maçã deve ser feito apenas com frutos inteiros, maduros, de cultivo biológico, e não pode ser filtrado ou pasteurizado, processos que anulam toda a riqueza desse fermentado. Isso significa que todo vinagre de maçã comercializado de forma extensiva não é adequado ao consumo humano.

Alguns, porém, poderiam afirmar que não podemos nos esquecer da presença do ácido málico, que melhora a função digestiva e a assimilação de minerais pelo organismo e faz parte do ciclo de Krebs (ou ciclo do ácido cítrico). Segundo o Dr. Neuci da Cunha Gonçalves, autor de *O vinagre* (Gráfica Rami), os vinagres comuns (vinagre branco destilado, vinagre de vinho e vinagre de malte) têm predominância de ácido acético ($C_2H_4O_2$), enquanto no vinagre de maçã predomina o ácido málico ($C_4H_6O_5$). Não encontrei análises de vinagres de maçã que confirmassem essa informação, mas o fato é que, na fermentação do suco de maçã, a bactéria *Acetobacter aceti* forma o ácido acético a partir de todo o açúcar e do álcool que se forma na etapa intermediária da fermentação. Essa bactéria tem esse nome exatamente por isto: transforma açúcares em ácido acético. Portanto, embora o vinagre de maçã contenha substâncias benéficas à saúde e menos ácido acético do que outros tipos de vinagre, não há como negar que ele contém essa substância, e a melhor prova é o seu odor acético. Todos os vinagres, inclusive o de maçã, possuem ácido acético, ou seja, ação acidificante que é tóxica. Fermentados podem restabelecer a saúde, mas apenas os ricos em enzimas, não os que contêm ácido acético!

Além disso, o ácido málico pode ser encontrado na maçã antes do processo fermentativo que dá origem ao vinagre, e tem propriedades muito semelhantes às do ácido cítrico (fartamente presente nos limões frescos e maduros), que também faz parte do ciclo de Krebs. Ou seja, não precisamos do vinagre de maçã para nos beneficiar dessa importante substância, já que ela está presente em maçãs frescas, maduras, orgânicas...

"Mas posso continuar a usar o vinagre de maçã fora da alimentação, como para higienizar a minha casa – o chão, os espelhos, os talheres – ou para passar nos cabelos?" Não! O ácido acético é volátil, tanto que tem odor bem característico e de rápida percepção no ambiente, e nós também nos alimentamos pelo olfato. As moléculas entram a maior parte via sistema límbico (que tem um acesso direto pelo topo da fossa nasal), causando impressões acres e mortais. A parte que não entra via sistema límbico vai para o sistema respiratório e pulmões, se espalhando pelo organismo até chegar ao cérebro. Isso se torna muito mais perigoso quando pensamos que, para essas tarefas, costumam-se escolher vinagres mais baratos, que normalmente possuem mais de 10% de ácido acético.

Esterilizar alimentos

Muitas pessoas me perguntam como esterilizar alimentos, já que condeno o uso do vinagre e, pior ainda, do hipoclorito de sódio. Tanto o vinagre como o hipoclorito matam os bichinhos, mas detonam a nossa saúde também. E o hipoclorito, por ser uma molécula que contém cloro, é 10 vezes pior que o vinagre, pois seu poder de acidificar o sangue é violento.

A melhor receita para higienizar folhas, frutas e legumes é: coloque numa bacia de vidro 1 L de água potável, idealmente filtrada. Acrescente o suco fresco de 1 limão médio (2 colheres (sopa) de suco). Pique as carcaças já espremidas em 4-8 pedaços e jogue também nessa água. Mergulhe os alimentos pré--lavados e deixe agindo por dez a quinze minutos. Pronto, nem precisa enxaguar: alimento higienizado, crocante, saboroso, cheiroso e duplamente saudável.

Marinar alimentos

Marinar significa deixar o alimento, que pode ser carne ou legume (versão salgada) ou frutas (versão doce – ver compota de frutas vermelhas na página 209), absorvendo o tempero por um tempo, que pode variar de quinze minutos até algumas horas, antes do cozimento. É o processo de amaciar e acentuar o sabor do alimento por meio da sua imersão num líquido ácido (sumo de limão, vinagre, vinho etc.) acrescido de temperos e ervas.

No mundo dos químicos a marinhagem é um tipo de cozimento que chamamos de osmótico, onde, no lugar do fogo para evaporar líquidos, usamos uma substância ácida + sal (ou açúcar), para extrair osmoticamente as águas intrínsecas dos ingredientes da receita.

Conforme já abordado no item anterior, nesse processo, o uso do suco fresco do limão vai facilitar e suavizar a digestão dos alimentos, com efeito muito superior ao do vinagre. Somado a esse fenômeno, o uso do limão, com suas propriedades de alcalinizar e desintoxicar, vai minimizar o efeito negativo que as proteínas de origem animal causam no organismo humano, quando acidificam natural e fortemente o sangue.

Assim, para as pessoas que ainda consomem carnes, recomendo a escolha de cortes mais magros e o hábito de os marinar em limão antes do consumo ou cozimento. E, para quem é vegetariano ou pratica a alimentação crua e viva, marinar é uma técnica fantástica para "cruzinhar" alimentos do reino vegetal.

Para que a marinada faça efeito, é necessário que ela esteja em contato direto com o alimento. Portanto, quanto menor o corte (mais processado), menor o tempo de marinada, o que evita acentuar demais o sabor. Quanto mais delicada a textura do alimento, menor o tempo de marinar, porque a exposição muito longa pode destruir sua textura crocante e mascarar o sabor original.

Sempre marinar em recipientes de vidro ou cerâmica. Marinadas por mais de trinta minutos devem ser feitas na geladeira, num recipiente com tampa.

Shitake marinado

Esta técnica pode ser usada com vários tipos de cogumelo. Basta que estejam bem frescos. Picar em fatias ou cubos e colocar num pirex que tenha tampa. Acrescentar suco fresco de limão, salsinha picada e sal integral (missô ou shoyu) a gosto. Misturar bem, tampar e deixar marinando por cerca de dez a quinze minutos. Na hora de servir, é opcional colocar um fio de azeite de oliva. Servir integrado ou acompanhando saladas, recheio de tortas e abacates.

Pepino marinado

Realizar o mesmo procedimento com o pepino. Pode ser qualquer tipo de pepino, mas fica ideal com o japonês. O pepino pode ser fatiado fino, médio ou grosso (a preferência de cada um), em cubos e até ralado. Servir em wraps, sanduíches, saladas ou canapés.

Marinada de legumes

Marinada: 2 colheres (sopa) de suco fresco de limão, 1 colher (sopa) de azeite extravirgem, 1 colher (sobremesa) de molho shoyu, 1 colher (chá) de mel. Misturar tudo e reservar.

Legumes: 1 ½ xícara (chá) de cogumelos (shitake ou champignon) frescos picados, 1 xícara (chá) de brócolis ralado no processador, 1 xícara (chá) de amêndoa germinada (24 horas na água), sem pele e triturada no processador, 2 cenouras raladas no processador, 4 ervilhas-tortas picadas em tirinhas, sementes de gergelim preto (hidratado por quatro horas em água filtrada) para decorar.

Preparo: Colocar as ervilhas e os cogumelos para marinar. Mexer para impregnar e deixar marinando por uns quinze minutos. Ralar grosseiramente os brócolis e a cenoura. Triturar as amêndoas. Misturar tudo e mexer bem. Decorar com o gergelim preto.

Prensar e fermentar alimentos

Quando dou oficinas de alimentação viva, os alunos ficam fascinados com a prensagem, uma técnica muito simples, prática e eclética: tudo pode ser prensado, ficar com nova cara, textura, sabor e finalmente ser consumido cru. Para esses alunos, fica uma sensação de libertação.

Na verdade, a marinhagem e a prensagem são um cozimento osmótico, quando a ação dos agentes ácidos e do sal geram um fenômeno de desidratação por osmose, porque os líquidos internos do alimento que está sendo prensado (marinado) migram para fora do alimento, ou seja, uma desidratação. Por isso, o alimento prensado dá uma "murchada" e muda de coloração... Em síntese, quimicamente falando, ocorreu um cozimento osmótico. Também dizemos: cruzimento com as mãos...

A prensagem é uma ação mecânica com as mãos, um artesanato, uma oportunidade de meditação. Alimentos como a berinjela, a abobrinha e a abóbora, que ninguém imaginava poder ingerir crus, porque têm taninos ou aquela "cica" que amarra na boca, transformam-se, após a prensagem, em quitutes adoráveis. Crianças e adultos querem prensar, degustar e repetir.

Existem alguns vegetais que são incômodos para mastigar, como o espinafre, o chuchu, a couve-flor e os brócolis. Por intermédio da prensagem, obtemos uma consistência mais branda (apesar de crocante), e retiramos algumas resinas e ácidos. As pessoas comentam: "Quem diria? Couve-flor crua...".

E o rabanete e o nabo, extremamente picantes, quase ninguém consegue comê-los crus. No entanto, se os prensamos com limão e sal integral, idealmente integrado a cubos de maçã-verde (bastante cítrica), o resultado é unânime: "Que delícia!".

Assista este vídeo de preparo de marinada de chuchu.

https://www.docelimao.com.br/site/desintoxicante/alimentacao-viva/3248-marinada-de-chuchu-cruzinha-pratica-doce-limao.html

Como prensar? Picar, ralar ou processar o alimento conforme indicado na receita. Colocar tudo em uma tigela de vidro larga, que permita o bom manuseio dos alimentos. Acrescentar suco fresco de limão e sal integral (missô ou molho shoyu) e começar a prensar tudo com as mãos. É um ato mecânico de apertar e, ao mesmo tempo, aquecer, favorecendo o contato de cada pedacinho do alimento com os temperos e as mãos. Seguir prensando até atingir o ponto desejado. Os princípios ativos que escorrerem das hortaliças encontrarão no sal e no limão uma estabilidade antioxidante.

O ponto desejado? Percebe-se a mudança de cor porque o alimento fica mais transparente, macio e mastigável. O mais curioso é que, apesar de "cruzido", o alimento fica saborosamente crocante. Em geral, leva de um a três minutos, dependendo da quantidade e do tipo de textura de cada alimento. Por exemplo, brócolis, couve-flor e cenoura levam noventa segundos; beterrabas e cenouras, uns dois minutos; abobrinhas, pepinos, cogumelos e repolhos, porém, sessenta segundos.

Depois de prensado, escorrer o excesso de líquido que é gerado (em geral, uso no preparo de molhos), acertar os temperos, acrescentar ervas finas, decorar e servir.

Salada "cruzida" de brócolis e couve-flor

Passar pelo processador no ralador ou na lâmina S 1 xícara (chá) de brócolis e 1 xícara (chá) de couve-flor. Transferir para um pirex. Adicionar suco fresco de 1 limão médio e passar sal integral (ou missô) nas mãos e iniciar a prensagem. Escorrer o excesso de líquidos gerado. Adicionar salsa e cebolinha picadas, acertar os temperos e finalizar com um fio de azeite de oliva.

E todos os alimentos que passaram pela prensagem podem ser embalados em frascos de vidro bem higienizados e colocados para fermentar por 24, 48, 72 horas. Também um, dois, três meses e até um ano ano. Ver Imagem 6 no caderno de fotos.

Molhos para saladas e legumes

A grande maioria das pessoas, principalmente aquelas com problemas de saúde, que mais precisam ingerir alimentos naturais, tem dificuldade para consumir saladas verdes, raízes e legumes crus ou cozidos no vapor. Acredito que o principal motivo é por não saberem temperá-los. Alimentar-se é nutrir-se, mas sem abrir mão do prazer; portanto, molhos são condutores de sabor e precisam ser usados no preparo de alimentos saudáveis.

Aliás, segundo a medicina aiurvédica, o tempero é fundamental para tornar o alimento mais digestivo, além de ajudar na absorção dos sais minerais. Ser criativo na escolha dos ingredientes de preparo dos temperos, como ervas, especiarias e condimentos, desencadeia novos hábitos alimentares, sem que se abdique do prazer. De qualquer forma, o suco fresco do limão pode ser considerado um realçador do sabor, integrando os sabores e toda a potência mineralizante da receita.

A seguir, o leitor vai encontrar sugestões de molhos gostosos, com baixo teor calórico, em que o limão tem presença garantida.

Molho de limão

1 colher (chá) de azeite de oliva, suco fresco de 1 limão, endro, cebolinha picada e sal integral a gosto. Bater tudo no liquidificador e servir.

Limona balsâmico express

Suco fresco de 2 limões, 3-4 tâmaras (sem caroço) hidratadas por uma hora no suco dos limões, 1 colher (sobremesa) de sal integral, 1 maçã verde (sem casca e sementes) picada em cubos e cozida por um minuto em água suficiente para cobri-la. Bater tudo no liquidificador e passar para uma garrafinha de vidro com tampa e manter na geladeira. Validade sete dias.

Maionese de abacate

Bater no liquidificador polpa de abacate maduro, suco fresco de limão, salsinha e missô. Acertar a textura, o sabor e servir como uma maionese, sobre saladas ou canapés.

Limonese antioxidante

Essa receita você precisa assistir para crer.

https://www.docelimao.com.br/assinatura/limonese-maionese-antioxidante-com-toque-de-limao/

Ingredientes: 1 xícara (chá) de semente de linhaça previamente hidratada por oito horas, ½ xícara (chá) de castanha-de-caju crua (previamente hidratada por oito horas), 1 colher (sopa) de cúrcuma fresca ralada, 2 colheres (sopa) de cúrcuma desidratada, 1 colher (sopa) de gengibre ralado, 1 pimenta dedo-de-moça sem sementes (pimenta calabresa ou a pimenta de seu gosto), suco fresco de 2 limões rosa (ou a variedade que tiver em casa), páprica picante e sal integral a gosto.

Preparo: Preparar um chá bem forte com 1 ½ xícara (chá) de água bem quente e a cúrcuma desidratada. Se só tiver a cúrcuma fresca, use 4 colheres (sopa) dela ralada. Ao esfriar, usar este chá para triturar a linhaça, coando no voil (panela furada 1) para obter o gel de linhaça.

Voltar o gel da linhaça para o liquidificador, acrescentar a castanha-de-caju e os demais ingredientes, adicionando o suco fresco do limão devagar até obter a consistência desejada. Delicie-se!

Missolê: 1 colher (sopa) cheia de missô, 1 colher (sopa) rasa de levedo de cerveja, suco fresco de 1 ou 2 limões, suco fresco de 1 laranja-pera, 2 colheres (sopa) de azeite de oliva. Misturar tudo em uma molheira e emulsionar batendo por um minuto com 1 garfo. Opcional: bater tudo no liquidificador.

Molho italiano: ½ copo de água, 1 colher (chá) de azeite de oliva, suco fresco de 1 limão, salsa picada, manjericão e sal integral a gosto. Misturar tudo e servir.

Molho rosé: 2 tomates sem pele e sem sementes, suco fresco de 2 limões, ½ pimentão vermelho picado, 2 ou 3 castanhas-do-pará hidratadas (uma hora em água filtrada), sal integral a gosto. Bater tudo no liquidificador e servir.

Molho especial: 1 colher (chá) de azeite de oliva, suco fresco de 1 limão, suco fresco de 1 laranja-pera, manjericão picado, 1 dente de alho amassado, sal integral a gosto. Bater tudo no liquidificador e servir.

Molho de tomate: 100 g de tomate seco, 100 g de tomate fresco, suco fresco de 1 limão, 4-5 (50 g) de tâmara seca picada de molho em cerca de 1 copo de água, gengibre fresco ralado (ou pimenta-do-reino), sal integral a gosto. Bater tudo no liquidificador até a consistência desejada.

Molho de gengibre: ½ copo de água, 1 colher (chá) de azeite de oliva, suco fresco de 1 limão, gengibre ralado, sal integral a gosto. Bater tudo no liquidificador e servir.

Molho de açafrão-da-terra: ½ copo d'água, 1 colher (sopa) de rizoma de açafrão fresco ralado, 1 dente de alho, 1 colher (sopa) de cebola roxa picada, 1 colher (sopa) de salsa picada, suco fresco de 2 limões, sal integral a gosto. Bater tudo no liquidificador e servir.

Molho de mostarda Biolimona:[4] Prático, são apenas 5 ingredientes: 150 gramas (1 xícara (chá)) de castanha-de-caju crua (também classificada como assada), 50 gramas (3 colheres (sopa)) de sementes de mostarda amarela (metade será batida e metade ficará inteira), suco fresco de 3 limões (100 ml), 1 ½ colher (sopa) de cúrcuma em pó, 1 colher (sopa) de sal integral.

Preparo: Deixar toda a castanha-de-caju de molho (submersa) em água filtrada por seis ou oito horas. Lavar, drenar e passar para o liquidificador. Em separado deixar toda a semente de mostarda também hidratando por seis ou oito horas (verificar que ela absorve bastante água, então use água o suficiente). Juntar à castanha já no liquidificador metade da mostarda hidratada, o suco fresco dos limões, 1 xícara (chá) de água e o sal integral. Bater tudo até obter uma textura lisa, acrescentando mais água se necessário. Seja porque seu liquidificador tem baixa potência, seja porque você deseja uma mostarda mais líquida. Tirar do liquidificador e passar para um bol. Acertar o sal se desejar. Por último acrescentar a outra metade da mostarda, misturar com uma espátula e descarregar em potes de vidro limpos e com tampa de boa vedação. O ideal é manter na porta da geladeira. Validade de quinze dias. Ver Imagem 15 no caderno de fotos.

Preparo dos cereais e vegetais

No preparo de arroz, ensopados, sopas, sucos ou chás, sempre será possível fazer uso do suco fresco do limão. Ele vai ativar o alimento para que fique mais digestivo e saboroso, além de seu sabor e aroma exóticos. Lembrando: ele é um realçador de sabor, um "sazon" natural e saudável. Indicado usar o limão ma-

---

[4] Melhor que a mostarda de Dijon, esta receita original da Bioporã (com vinagre de maçã) foi aqui adaptada com sal integral e somente suco fresco de limão.

duro e fresco ou na forma de picles (indiano ou marroquino). Ver receitas adiante.

Seus ácidos vão fixar os minerais contidos nos demais ingredientes da receita, reduzindo perdas pelo manuseio e preparo.

No preparo do arroz, adicionar o suco de 1 limão durante a fase inicial de cozimento. Ele ficará mais solto, saboroso e leve. No caso de usar o picles marroquino, a pétala de picles poderá, ao final do cozimento, ser picada e integrada ao arroz ou mesmo servir de decoração.

No preparo dos feijões, alimento que costuma causar gases, o indicado é colocar 1 limão inteiro (sem descascar ou picar), depois do cozimento, nos últimos 15 minutos, quando apurar o refogado. Tal procedimento vai torná-lo mais digestivo, reduzindo futuros problemas de flatulência. No caso de usar o picles marroquino, este deverá ser adicionado desde a fase inicial do cozimento.

No preparo de ensopados ou sopas, usar também o suco de 1 limão no início (alimentos mais indigestos) ou final (alimentos mais leves e saudáveis) do cozimento. Tal procedimento vai também "abrir" o sabor dos alimentos.

O limão se faz muito necessário também no preparo dos sucos verdes, porque a presença do ácido cítrico, ácido málico e da vitamina C vai ajudar na fixação do ferro e de outros sais minerais existentes nas folhas, brotos, frutas, sementes e legumes da receita.

Lanches e sobremesas

O limão pode ser o diferencial no preparo de receitas doces e muito nutritivas, que vão agradar toda a família. O equilíbrio entre a doçura natural das frutas e o azedinho do limão é fantástico.

Docinhos de granola

Muitos acreditam que as famosas barrinhas de cereais, superofertadas em supermercados, academias e cantinas de escolas, são uma opção de lanche saudável. O problema é que elas são produzidas industrialmente, ou seja, com aditivos, aromas e corantes artificiais, além de: 1) cereais refinados, ou seja, é um alimento calórico, mas pobre de poder nutricional; e 2) um montão de açúcar, ou seja, é um alimento vazio, promotor de desmineralizações (sangue, ossos e dentes), fermentações com comprometimento da flora intestinal, estresse do pâncreas e do fígado, dificuldade de concentração, entre outros problemas. Esta receita, saudável e natural, pode ser preparada na forma de barrinhas ou docinhos de festa. Ver Imagem 7 no caderno de fotos.

Ingredientes: 1 xícara (chá) de aveia integral (hidratada por oito horas), 2 ou 3 bananas-nanicas bem amassadas (para dar liga), 50 g de coco ralado desidratado sem açúcar (opcional), 5 colheres (sopa) de uva-passa sem sementes (com banana-passa fica muito boa também), 2 colheres (sopa) de chocolate em pó (sem açúcar), 1 colher (sopa) de raspas da casca de limão, 1 colher (chá) de essência de baunilha, 4 colheres (sopa) de semente de linhaça (hidratada por oito horas).

Para decorar: chocolate em pó (sem açúcar), coco ralado (sem açúcar), farelo de aveia ou castanha-do-pará ralada.

Preparo: Colocar tudo no processador até obter uma textura e liga ideal para fazer os docinhos. Enrolar as bolinhas (ou fazer barrinhas), passar na cobertura e colocar em forminhas de papel.

Doce dourado de banana

Amassar algumas bananas-nanicas e outras somente picar em cubinhos. Colocar em um pirex, adicionar canela em pó, suco fresco de limão, um fio de melado de cana (ideal orgânico), amêndoas (hidratadas por oito horas e sem a pele) picadas e misturar bem. Levar ao sol para "assar". Não esquecer de cobrir o pirex com um tecido de filó para proteger de insetos. Deixar no sol até ficar dourada. Servir como sobremesa ou lanche da tarde.

Mousse de limão

Ingredientes: Polpa de 3 cocos-verdes (ideal com 3 mm de espessura), 100 g de uva-passa branca (usar ½ da água dos cocos para as hidratar), 1 colher (sopa) de suco fresco de limão, 125 g de castanha-de-caju crua hidratada com ½ da água dos cocos, 1 pitada de sal integral ou missô.

Preparo: Bater todos os ingredientes no liquidificador até obter uma textura cremosa. Usar a água dos molhos para acertar o ponto de cremosidade desejado. Colocar em taças e decorar com raspas da casca do limão. Servir gelado.

Torta de limão

Esta receita é um pivozão da confeitaria viva, porque pode ser direcionada para muitas versões, formatos e texturas. A massa da torta pode virar bolachinhas, barrinhas e até paçoquinhas. O recheio é uma mousse firme que pode ser comida pura como sobremesa, ou utilizada como recheio de frutas (mamão ou abacate), bolachas e topping de sorvetes e granolas... Ver Imagem 8 do caderno de fotos.

Ingredientes – creme de limão: 1 xícara (chá) de castanha-de-caju crua (hidratada por oito a doze horas – lavada e bem drenada), suco fresco de 1 limão médio (2 colheres (sopa)), 1 colher (sopa) generosa de manteiga de coco da Bioporã (previamente amolecida em banho-maria), 1½ colher (sopa) de melado de cana (ideal orgânico), 1 colher (chá) de essência de baunilha, cerca de 1 xícara (chá) de água. (Manteigas integrais Bioporã – biopora.com.)

Preparo: Colocar todos os ingredientes no liquidificador com metade da água. Bater até obter uma textura bem lisa e brilhante. Acrescentar mais água se necessário, mas não ultrapassar 1 xícara (chá) para o creme preservar sua textura firme. Passar para potinhos e/ou base de torta onde será servido e levar à geladeira. Decorar com raspas da casca do limão (ou flores de manjericão), na hora de servir. E pode virar picolés: ver Imagem 10 do caderno de fotos.

Massa – Torta, bolachinhas e barrinhas de gergelim e limão

Esta massa é deliciosa, prática de preparar e fonte natural de cálcio, principalmente se usamos o gergelim de cultura orgânica ou crioula. Perfeita para um lanche rápido, levar em viagens porque são fonte de energia rápida, além de supersaciar aquela fome no intervalo das refeições.

Ingredientes versão clara: 1 xícara (chá) de sementes de gergelim (previamente hidratado por oito horas, lavado, bem drenado e seco), 2 xícaras (chá) de castanha-de-caju (seca ou hidratada por somente quatro horas, lavada, bem drenada e seca), 1 xícara (chá) de tâmaras sem sementes bem picadas e hidratadas em suco fresco de 1 limão médio (2 colheres (sopa)), raspas da casca de um limão, 1 colher (chá) de canela em pó, opcional cravo em pó a gosto.

Dicas: No lugar da castanha-de-caju, pode-se usar castanha-do-pará, amêndoa, girassol, noz-macadâmia e até noz-pecã.

Ingredientes versão cacau: Acrescentar 1 a 2 colheres (sopa) de alfarroba ou cacau em pó sem açúcar.

Preparo: Na lâmina S do processador, triturar todos os ingredientes secos até uma granulometria fina ou desejada. Por último (esse é o pulo do gato), com o processador ligado, ir adicionando o suco do limão até que dê uma boa liga.

Montagem da torta: Forrar o fundo da forma desejada. Pode ser uma torta redonda, quadrada, retangular e até minitortas. Reservar na geladeira durante o preparo do recheio. Rechear com o creme de limão, decorar com as raspas da casca e voltar à geladeira até a hora de servir.

Biscoitinhos e barrinhas

Esta massa é tão deliciosa que pode ser usada para modelar os biscoitinhos com as mãos ou com o uso do kit panificação. Cortar quadradinhos ou rodelinhas e arrumar numa placa cerâmica e desidratar no sol. Se você tiver, use o desidratador por três a quatro horas, ou até a textura desejada.

Em geral, não desidratar demais para que fique mais para macia do que crocante. No entanto, se desejar guardar por até um mês em potes de vidro com tampa de boa vedação, o ideal é desidratar até ficar bem crocante.

Podem ser clarinhas, escurinhas e ter outros formatos, como palitinhos, bolinhas e até barquinhas!

Versão barrinhas de limão: Com a massa pronta, arrumar num pirex na altura de 1 a 1,5 cm, tampar e levar à geladeira por duas horas. Cortar em quadrados e servir geladinho ou embrulhado um a um para viagem. Ver Imagem 9 do caderno de fotos.

Mousse de manga

Ingredientes: 1 xícara (chá) de manga madura picada, suco fresco de 1 limão, 1 colher (sopa) de semente de girassol descascada (hidratada em água filtrada por oito horas). Opções: acrescentar 1 cenoura pequena e usar 2 ramos de hortelã, raspas do limão ou flores para decorar. Também substituir a semente de girassol por semente de chia. E a manga pode ser substituída por mamão, goiaba (vermelha ou branca), fruta-de-conde, atemoia, graviola ou jaca...

Preparo: Bater todos os ingredientes no liquidificador. Coar é opcional. Colocar em taças e decorar com as sementes. Ver Imagem 11 do caderno de fotos.

Frutas vermelhas em "compota crudivegana"

Quando temos em casa muita fruta madura ou quando está muito barata na safra: vamos fazer compota viva? Sem uso do fogão? E com o mínimo de açúcar? Ver Imagem 12 no caderno de fotos.

Ingredientes: 1 bandeja de morangos bem vermelhos e maduros (os orgânicos são mais doces, sabe?) picadinhos em cubinhos bem pequenos, 1 colher (sopa) de melado de cana (ideal orgânico), suco fresco de 1 limão.

Preparo: Passar tudo para um frasco de vidro limpo e com tampa de boa vedação. Tampar, misturar levemente e levar para a porta da geladeira. A partir de uma hora do preparo já pode ser consumida com mousses, salada de frutas, iogurtes, sorvetes e granolas. Também na decoração de tortas.

Dica: Esta mesma receita pode ser feita com outras frutas vermelhas como amoras, pitangas e melancia. Também com frutas de outras cores como mamão, kiwi, banana, manga e a fruta que estiver abundante na sua casa!

Limonada de frutas

O limão é uma fruta digestiva, refrescante, desintoxicante, adstringente, vitalizante e mineralizante. Ele combina com todas as frutas, mesmo com as famosas indigestas como a melancia, o melão e o pepino.

As limonadas são o símbolo de um verão divertido. Com carinho e afeto, "as mamães" de todo o mundo matam a sede dos filhos e seus amiguinhos, das visitas e quem mais vier, com limonadas, certo?

Pois bem, existem muitas formas de preparar limonadas. A mais comum é espremer o suco do limão, adicionar água gelada, açúcar e gelo, misturar e servir. Desta opção eu não acho graça.

Existe a limonada suíça, quando se bate no liquidificador o limão inteiro (polpa + casca), com água gelada, gelo e açúcar. Esta receita tem que ser servida imediatamente, pois certas substâncias contidas na casca amargam muito rápido.

Trata-se de uma receita bem interessante, porém peca pela presença do açúcar! Mas que tal no lugar do açúcar usar a nossa receita de creme ou mousse de limão?

Existe ainda a limonada cremosa, quando se descasca o limão, retirando a casca e a entrecasca branca. Bate-se (num liquidificador bem potente), como na limonada suíça, com água gelada, açúcar e gelo. Das limonadas "mundanas", esta é a que mais aprecio, pois aquelas fibras que ficam entre os gomos, quando bem trituradas, conferem uma cremosidade especial à receita. Se o liquidificador tiver potência comum, tal limonada terá que ser coada e perderá bastante sua cremosidade.

Entretanto, como todos os meus leitores já sabem, faço de tudo para evitar o consumo do açúcar, que é um não alimento, nefasto para causar sedações emocionais, mentais e doenças. Assim, as limonadas de frutas a seguir fazem uso do açúcar das próprias frutas (a frutose) e não devem ser coadas, ou minimamente coadas, preservando a presença das fibras, para tornar tais bebidas saborosas, nutritivas, saudáveis e terapêuticas.

Aproveite e faça um campeonato de decoração dos copos. As crianças e os adultos vão adorar! Use flores, folhas, pedaços das frutas... A criatividade será o limite e você ficará surpresa com a inventividade da sua turma.

Limonada cheguei da feira

Ingredientes: 1 xícara (chá) de caldo de cana, 1 xícara (chá) de água de coco-verde, suco fresco de 2-3 limões.

Preparo: Misturar tudo com cubos de gelo e servir imediatamente. Ver Imagem 13 do caderno de fotos.

Limonada de melancia – energética e hidratante

Ingredientes: 1½ xícara (chá) de melancia em cubos (com as sementes), suco fresco de 1 limão, folhas de hortelã ou talos de erva-doce a gosto.

Preparo: Bater tudo no liquidificador com alguns cubos de gelo. Coar é opcional (porque as sementes da melancia são nutracêuticas). Servir imediatamente.

Limonada de manga – antioxidante e excelente para a pele, unhas, visão e ativar o sistema imunológico

Ingredientes: 1 xícara (chá) de manga palmer ou tommy em cubos, 1 cenoura picada em rodelas, suco fresco de 1 limão, 1 xícara (chá) de água de coco-verde.

Preparo: Bater tudo no liquidificador com alguns cubos de gelo e servir imediatamente.

Limonada cremosa de maçã – energética e laxante

Ingredientes: 2 maçãs descascadas e picadas, suco fresco de 1 limão, 2 ameixas-pretas picadas, 1 colher (sobremesa) de trigo sarraceno germinado/fermentado (o grão integral deve ser deixado de molho à noite na água da receita), 1 xícara (chá) de água filtrada.

Preparo: Bater tudo no liquidificador com alguns cubos de gelo e servir imediatamente.

Néctar de uva – desintoxicante, antioxidante e alcalinizante

Ingredientes: 1 xícara (chá) de uva vermelha ou preta (retire as sementes), suco fresco de 1 limão, 1 xícara de água de coco-verde, 1 colher (sobremesa) de semente de linhaça (deixada de molho previamente na água de coco da receita).

Preparo: Bater tudo no liquidificador com alguns cubos de gelo. Coar é opcional, mas para quem tem constipação (ou diabetes) recomendo não coar e servir imediatamente.

Alto-astral – dispensa palavras!

Ingredientes: suco fresco de 2 tangerinas (laranjas-lima ou pera), suco fresco de 1 limão, raspas da casca do limão a gosto, 1 cenoura picada (ou suco de 2 cenouras passado pela centrífuga).

Preparo: Misturar tudo. Coar é opcional. Acrescentar cubos de gelo e servir imediatamente. Ver Imagem 14 do caderno de fotos.

Ginger Ale de Abacaxi – mas pode ser de maçã, caju, morango... É só perceber a fruta doce da estação!

GINGER ALE = bebida fermentada à base de gengibre.

Lembrando que são bebidas lindas, coloridas NATURALMENTE, bem gasosas, mas de baixo grau de doçura. Ou seja, uma nova forma de tomar bebidas "festivas", porque ganhamos no seu valor probiótico, no seu poder transformador Cultura da Vida. Ganhamos em poder consumir tantas frutas, até aquelas danadas de doces, sem perder NADA...

As proporções são bem pessoais. Tem gente que gosta dele BEM cítrico e capricha no limão (tangerina, laranjas ácidas, pomelo, maracujá, tamarindo, uva etc.). Tem gente que, mais fogo nas ventas, adora exagerar no gengibre... Mas quando fazemos para várias pessoas, para uma festa, por exemplo, é preciso moderação, certo?

Só Gengibre e Limão

Vamos começar fazendo 1,5 litro? 100 ml de suco fresco de 3 limões, ¼ xícara (chá) com rodelas (1 cm espessura) de gengibre fresco, ¼ xícara (chá) de melado orgânico de cana (pode ser também melado de caju ou de cacau) e 1 pitadinha do fermento biológico seco.

Saborizado com frutas doces

Para ser de abacaxi (ideal o pérola) coloque 2 xícaras (chá) dele picado (sem as cascas) e reduza o melado pela metade (1 a 2 colheres (sopa)). Aqui vai muito bem uns galhos de hortelã. No caso de outras frutas, elas precisam estar bem maduras e doces, OK?

Preparo: Juntar tudo no liquidificador (MENOS O FERMENTO) + 2 xícaras (chá) de água filtrada (ou solarizada) e bater até ficar bem triturado. Coar numa Panela Furada 1 (feita em voil ou organza) e transferir para uma garrafa pet (bem limpa) de 1500 ml. Completar com água até antes de chegar à parte cônica. Acertar o melado para que fique bem doce. Acrescentar a pitadinha do fermento biológico. Tampar MUITO BEM, agitar e deixar num lugar fresco para fermentar.

Monitorar a finalização da fermentação com o aperto das laterais da garrafa pet, até que esteja bem dura, ou seja, alta pressão interna dos gases da fermentação (CO_2 biológico, portanto alcalinizante). Neste ponto, leve à geladeira até a hora de servir. Lembrando que mesmo na geladeira a fermentação segue acontecendo, apesar de mais lenta.

Para abrir a garrafa é preciso uma paciência para ir liberando os gases sem derramar a bebida. Servir porções de 50-100 ml porque trata-se de uma bebida forte... com pouco açúcar!

Lembretes:
1. Se não tampar bem, os gases da fermentação irão sair e não teremos o aumento da pressão interna para sinalizar o ponto-final.
2. Coar no voil é muito importante para que o fermentado não exploda antes de sua finalização. Ou seja, não use peneira ou pano de prato.
3. Precisa ser garrafa pet porque a pressão da fermentação precisa ser acompanhada pelo toque da dureza das paredes da garrafa. E, se for de vidro e a pressão exceder, poderá explodir causando muito perigo para todos que estiverem no local.
4. Quanto mais cheia a garrafa, mais rápido alcançamos o ponto-final da fermentação e a bebida será mais doce,

menos alcoólica, ideal para crianças e pessoas com dificuldades com o álcool. Tempo ideal de fermentação: 36 a 48 horas em local fresco e sombreado. Caso o local esteja muito quente poderá ser em menos tempo ou na geladeira.
5. Quanto menos cheia a garrafa, será mais prolongada a fermentação e a bebida será menos doce e terá um tom mais alcoólico: não recomendo fermentações por mais de cinquenta horas.

Dicas para o lar

Existem truques que resolvem problemas e facilitam a vida, podendo inclusive ser aquele segredo passado de mãe para filha por muitas gerações. Conheça alguns a seguir.

- Se o limão ainda está verde, guardar em lugar fresco, seco e arejado até que a casca se torne mais lisa e a fruta, macia para espremer. Depois de maduro, o ideal é consumir imediatamente.
- Para conservar a metade de um limão que ainda não foi usada, colocar num pires com água, com a parte cortada para baixo, e levar à geladeira. Consumir em 24 horas.
- Se for usar apenas algumas gotas de suco de limão, não desperdiçar a fruta toda. Fazer um buraquinho com um palito e espremer a quantidade desejada. Depois, voltar a guardá-lo na geladeira. Consumir em 24 horas.
- Para dar um gosto especial aos bolos e sobremesas, basta acrescentar raspas de casca de limão. Tomar cuidado para não ralar junto a parte branca, porque ela amarga a receita.
- As bebidas, os refrescos e os chás ficam excelentes quando são "temperados" com umas gotas de suco fresco de limão.
- Passar suco fresco de limão em frutas frescas (banana, abacate ou maçã) recém-cortadas vai evitar que escureçam.

- Adicionar uma colherada de suco fresco de limão sobre a água em que se cozinha repolho, brócolis ou couve-flor evita o cheiro forte e realça a cor do alimento.
- Quiabo sem baba: colocar o quiabo lavado em suco frescor de limão por quinze minutos. Lavar novamente e usá-lo na receita.
- Berinjela sem amargor: deixar a berinjela de molho na água com um pouco de sal e suco fresco de limão por ½ hora.
- Suco fresco de limão nos coquetéis de frutas ou nas vitaminas vai evitar que fiquem enjoativos.
- Após ter espremido um limão para usar seu suco, guardar as carcaças para preparar a farinha de limão.
- Para obter mais suco do limão, amaciar a fruta, rolando-a sob as palmas das mãos antes de cortar.
- Um pouco de suco fresco de limão acrescido à água de cozimento de carnes e frutos do mar deixa as carnes mais brandas, firmes e digestivas.
- Cheiro de peixe: colocar gotas de suco fresco de limão no óleo da fritura. Diminui a fumaça e o cheiro do ambiente.
- Para clarear e amaciar as mãos, basta colocar um pouco de açúcar na palma das mãos e esfregar com a carcaça do limão. Lavar muito bem em seguida.
- Para tirar o cheiro de ovo das mãos, basta esfregá-las com casca de limão. Lavar muito bem em seguida.
- Para tirar o cheiro de alho e cebola das mãos, basta esfregá-las com suco de limão. Lavar muito bem em seguida.
- Para melhorar o hálito, fazer gargarejos com a mistura de 1 copo de água morna e o suco de ½ limão.
- Para eliminar o odor de alho ou cebola na boca, basta mastigar lâminas finas de casca de limão.
- Se você gera muitas carcaças de limão, que tal preparar um desinfetante e detergente de limão?

> **Desinfetante - Rendimento de 1 L:** Ir colocando todas as carcaças dos limões espremidos (pode juntar variedades) em uma jarra com água que as cubra (ideal em local fresco). Ao juntar cerca de 20 carcaças (10 limões), bater tudo no liquidificador na própria água em que ficaram reservadas. Coar num tecido de voil (panela furada 1) e passar o "extrato" resultante para uma garrafa de vidro com tampa de boa vedação. Deixar fermentar por 24 horas. Acrescentar 50 ml de álcool. Usar para desinfetar pisos, banheiros, bancadas, tudo que desejar. Validade: seis meses. Ver Imagem 17 no caderno de fotos.

Você pode produzir esta receita diretamente com a farinha de limão ensinada na página 169. Mas o resíduo que ficou retido no coador pode também virar – com vantagens – um delicioso **LEMON PEPPER**. Porque ele é composto basicamente de fibras fermentadas (prebióticas), e ainda contém boa parte dos fitos presentes na casca dos cítricos, entre eles o d-limoneno. Por isso o sabor amargo típico das cascas de cítricos está aqui atenuado e bastante agradável.

> **Lemon pepper:** Para este preparo basta acrescentar, em cada 1 xícara (chá) deste resíduo ainda úmido, ¼ xícara (chá) de sal integral e 1 colher (sobremesa) de pimenta-do-reino preta (gengibre picado ou pimenta rosa se não desejar muito picante). Levar tudo para desidratar no sol (ou num desidratador termostatizado a 45 graus Celsius) até ficar bem seco e poder ser triturado no liquidificador. Quer saber? Delírio dos Deuses! Ver Imagem 16 do caderno de fotos.

Esse desinfetante pode virar um sabão em pasta para lavar louças.

Sabão em pasta: Para tanto basta ralar uma barra de 100 gramas de sabão de coco de boa qualidade e passar para uma panela de ágata ou inox. Acrescentar 2 xícaras (chá) do desinfetante de limão (antes de colocar o álcool ou qualquer aromatizante) e ligar em fogo baixo, até que todo o sabão derreta. Passar para potes de vidro com tampa larga para usar como sabão em pasta. Rende 750 ml.

Aprenda a fazer um desinfetante aroma natural de limão!

https://www.docelimao.com.br/site/videodica/2622-desinfetante-limao.html

- Quando for cozinhar um macarrão de marca desconhecida, para evitar que fique "unidos venceremos" é só acrescentar 1 colher (sopa) de suco fresco de limão.
- Para matar bactérias e micro-organismos patogênicos comuns na cozinha, adicionar 5 ml de OE de citronela e 5 ml de OE de limão em ½ L de álcool + ½ L de água filtrada. Depois, é só colocar num borrifador e utilizar nas pias, tábuas de cortar carne, panelas e nas paredes externas do filtro de barro.
- Outra opção é esfregar 2 gotas de OE de limão em tábuas de carne e, diariamente, nas paredes externas do filtro de barro para limpar e desinfetar.
- Para matar uma série de bactérias e micro-organismos patogênicos, adicionar uma gota de OE de limão dentro da lavadora de louças depois do ciclo de lavagem.
- Para limpar e aumentar a vida útil de frutas frescas, é só encher uma bacia com água e acrescentar 3 gotas de OE de limão. Depois, adicionar as frutas lavadas e deixar por alguns minutos.

- Esfregar as carcaças do limão nos talheres e panelas vai eliminar o cheiro de peixe.
- Se o móvel de madeira manchou com tinta de caneta, lavar imediatamente com água fria e, depois, esfregar com suco de limão.
- Se em um tecido lavável aparecer uma mancha de ferrugem, esfregar com suco de limão e sal e colocar a peça no sol até secar. Depois, lavar normalmente com água e sabão.
- Panelas manchadas: colocar água, suco de limão e levar ao fogo baixo. As manchas sairão facilmente quando esfregadas com esponja.
- Para arear os queimadores do fogão, usar mistura de sal e suco de limão.
- Para espantar as formigas de cozinha, triturar a casca de 1 limão com 1 colher (chá) de cravo-da-índia até obter uma pasta. Colocar no caminho das formigas.
- Para desodorizar e higienizar o ar dos banheiros, adicionar 12 gotas de OE de limão em 1 copo de água e 1 copo de álcool. Colocar numa embalagem de spray e pulverizar quantas vezes necessitar.
- Colocar 15 gotas de OE de limão junto com o produto de limpeza de carpetes e tapetes para retirar manchas, desinfetar, deixar mais brilhante e com um aroma refrescante e suave no ambiente.

Para finalizar

Sabemos que os solos da terra andam bem empobrecidos de minerais, e que as culturas extensivas, os desmatamentos e o excesso de criação de animais para abate têm tornado nossos alimentos cada dia mais pobres em minerais. Então, como compensar essa triste realidade?

Consumir alimentos orgânicos, biodinâmicos, cultivados em seu quintal com terra compostada por você, por sua comunidade e por fornecedores conscientes, bem como reduzir o consumo de alimentos de origem animal, vai ajudar muito a sua saúde e a do planeta. Quanto mais consumidores e produtores orgânicos e conscientes, mais rápido a sua saúde e a da Terra vão se recuperar.

Para suplementar, sabe qual o melhor Centrum da Terra? Uma beberagem milenar da medicina aiurvédica: ½ copo de água potável morna + suco fresco de 1 limão + 1 pitada de sal integral, porque contém no mínimo 80 minerais. O ideal é tomar de manhã, em jejum, enquanto prepara seu suco verde e refeição matinal.

Essa beberagem, apesar de milenar, é o melhor alcalinizante natural da Terra. Uma fruta 100% solar + água (sangue da Terra) + todos os minerais que foram lavados da terra pelos rios que desembocam no mar... Simples, barato e inclusivo!

Epílogo

> *Em terra de cegos, quem consome limões*
> *com as suas tantas propostas terapêuticas É REI.*

Em uma passagem do livro *Os mistérios de Shamballa* de Vicente B. Anglad (2008, edição eletrônica, p. 71), quando se refere a esta remota era planetária, é dito o seguinte:

> A única fruta que, por suas propriedades curativas especiais, conservou sua acidez natural foi o limão. Em botânica oculta, o limão é chamado "o fruto sagrado", pois contém elementos dinâmicos procedentes da aura etérea da Terra que podem ajudar a humanidade a preservar sua saúde física, se utilizados judiciosamente.

E mais que isso, o limão chegou à Terra para ajudar o ser humano, agora um bípede, com o cérebro frontal (cérebro novo) ativado, a enxergar melhor, ter horizontes, planejar como chegar a estas novas metas que são mais distantes, desenvolver a capacidade de raciocínios que precisam ser lúcidos, claros, e fazer uso do discernimento – corpos mentais.

Veio também para ajudar o ser humano a ser mais desintoxicado, portanto menos denso, mais sutil, com maior potencial de enxergar "o todo" e, assim, ser mais positivo, construtivo e bem-humorado: espiritual.

Além disso, veio para ajudar o ser humano a fazer bom uso do seu corpo físico, cuidando para que seu organismo viva em harmonia metabólica, favorecendo a meditação, a concentração, a inspiração, a visão, a criação.

E o limão é tão sagrado que se torna 100% terapêutico, 100% poderoso, se integrado a frutas, folhas, raízes, sementes germinadas e legumes. Quanto mais integrado, maior seu poder de alcalinizar, de mineralizar e provocar a manutenção e/ou resgate da saúde plena.

Sendo uma fruta absolutamente solar, entra em nossas células trazendo luz, digestão, excreção, respiração, vitalidade, juventude, saúde: vida!

Com toda essa aproximação e perspectiva, torna-se inevitável sentir o que um dia ensolarado nos instiga: leveza, alegria, bom humor bom astral, fluidez, relaxamento, paz.

Bem, seja por que caminho for, o limão segue sendo mágico. Que bom seria se todos nós pudéssemos ter um pé de limão em nossa casa. Chegar perto deste arbusto, cheirar suas flores, apreciar suas folhas e suas frutas... seus verdes.

Que bom seria se todos nós pudéssemos fazer uso do limão diariamente. Neste momento, já não ignoramos mais os seus poderes. Já temos este guia valioso de medicina caseira. Agora você já sabe o porquê.

Ah! A natureza! Por que será que ela nos proporciona um alimento tão perfeito, que consegue penetrar e curar todos os aspectos do nosso ser? Um sol que podemos pegar nas mãos e com o qual podemos alquimicamente nos banhar, por dentro e por fora!

Viva o limão!

ANEXO

As complicações da automedicação e do consumo de bicarbonatos

São vários os bicarbonatos, que são sais instáveis, atuando principalmente como neutralizantes de meios ácidos. Eles possuem várias funções, mas o propósito deste alerta é chamar atenção sobre as complicações do consumo abusivo e indiscriminado de bicarbonatos e de antiácidos.

As reações de neutralização formam sais e gases (CO_2) que aumentam a pressão metabólica, causam problemas renais e até desativam locais ou momentos metabólicos em que a acidez temporária é importante. Observe a seguir:

- $NaHCO_3$ + HCl (acidez) → NaCl + H_2O + CO_2 (gás que confere a efervescência)
- 3 $NaHCO_3$ + Ácido Cítrico → Citrato de Sódio + H_2O + 3 CO_2 (muito gás)

Mascarando problemas estomacais mais sérios

Sobre essas complicações, temos os portadores de problemas digestivos como principal grupo de estudos, pois, junto com os analgésicos, os antiácidos são os remédios mais vendidos em farmácias, mercados e lojas de secos e molhados.

Milhares desses antiácidos são consumidos habitualmente e por longo período de tempo. Acontece que, como podem ser comprados sem receita, rendem enormes lucros aos seus fabricantes. Prova disso é a propaganda maciça em todos os meios de comunicação, habitualmente no horário das principais refeições, momento em que os sintomas podem se tornar mais fortes.

Alguns anunciantes mostram grandes festas, pessoas obesas, com roupas coloridas, cantando, sorridentes e felizes, ingerindo todo tipo de comidas gordurosas, embutidos e alimentos cheios de produtos químicos e conservantes, além de bebidas em excesso. Isso nada mais é do que um convite para que outras pessoas possam entrar nesse círculo vicioso, comendo, bebendo e tomando os antiácidos anunciados.

No auge da verdadeira orgia, surge uma dor ou uma queimação no estômago que é prontamente resolvida com o remédio anunciado, um efeito milagroso e instantâneo. Chega a ser cômico e trágico ao mesmo tempo.

À medida que esse uso se torna habitual, surgem alguns problemas que, com o decorrer do tempo, podem se transformar em doenças graves. A presença de queimação, acidez e dores de estômago são sinais de que o organismo está querendo mostrar a sua insatisfação com o que está ocorrendo, pedindo soluções definitivas para a situação. O tratamento sintomático pode afastar o incômodo no momento, mas e a causa, como fica?

Conclusão: o consumo indiscriminado de antiácidos pode mascarar e dificultar o diagnóstico da doença, principalmente do câncer de estômago.

Degeneração cerebral

Isso tudo ainda não é o pior, pois o que vem a seguir é de uma gravidade enorme: há provas científicas das complicações neurológicas que podem surgir quando o uso dessas drogas se torna rotineiro e sem orientação médica.

Alguns antiácidos e remédios contra a gastrite podem acelerar a degeneração cerebral em idosos, afirma uma pesquisa publicada pela revista da Sociedade Americana de Geriatria. O levantamento examinou e analisou cerca de 1.500 afro-americanos com mais de 65 anos de idade e colocou sob suspeita alguns dos remédios contra gastrite e úlcera mais populares do mundo.

Segundo esses pesquisadores, os idosos que usavam os medicamentos com frequência eram 2,5 vezes mais propensos a apresentar diminuição na capacidade de adquirir conhecimentos. Entre os participantes do estudo, 275 pessoas – todas consumidoras regulares de antiácidos – apresentaram problemas cerebrais em níveis patológicos.

À medida que o tempo passa e não se consegue debelar os sintomas, a probabilidade de haver complicações aumenta e as soluções necessárias podem ser mais radicais. Prevenir é melhor do que remediar. É preciso ficar atento, pois a saúde é o único bem que não se compra com dinheiro nenhum. Não se deixe iludir.

Deficiência de fósforo

Para se ter uma ideia da sua importância, basta saber que moléculas à base de fósforo revestem todas as nossas células, participando do processo de crescimento de tecidos. "O fósforo participa da formação dos ossos e da dentição. Além disso, atua na contração muscular, ajudando a manter estável o ritmo dos batimentos cardíacos", diz a nutricionista Daniela Jobst (2010). O fósforo previne, ainda, a perda de memória.

A sua falta, apesar de rara, pode ocorrer quando há ingestão exagerada de antiácidos ricos em alumínio, medicamentos que atrapalham a absorção do fósforo pelo organismo.

Intoxicação por alumínio

O alumínio em excesso pode vir a causar problemas de memória quando há intoxicação a longo prazo. As principais fontes de intoxicação de alumínio são água potável, utensílios de cozinha, desodorantes, queijos processados, antiácidos e recipientes de alumínio para alimentos (como as quentinhas).

Atualmente, a condição mais associada à elevação de alumínio é o aumento da permeabilidade intestinal, em que a função do intestino é alterada devido ao uso de antibióticos, cortisona, anti-inflamatórios, antiácidos ou, então, por alergia a algum alimento. Como o alumínio é encontrado abundantemente em alimentos habituais (pão, queijo, verdura etc.), a pesquisa de um problema intestinal deve ser a primeira linha de abordagem da investigação.

Disbiose intestinal

É o conjunto de desequilíbrios da microflora intestinal que causa alterações da saúde com contribuição importante no desenvolvimento de processos degenerativos e alterações do sistema imunológico. O nome pode soar estranho, mas disbiose é uma das causas de diarreia, prisão de ventre e flatulências, além das síndromes de cólon irritável (SII).

Durante o processo de disbiose, encontramos, com certa frequência, a diminuição da flora bacteriana do bem, em prol da presença de parasitas, desenvolvimento excessivo de bactérias da flora bacteriana do mal e de *Candida albicans*.

A *Candida albicans* é uma levedura (ou fungo) que, normalmente, também se localiza na flora intestinal, mas que, em condições favoráveis, se desenvolve de forma exagerada e se torna, então, responsável por quadros clínicos graves com manifestações sistêmicas múltiplas como: diarreias recorrentes, má absorção com desnutrição crônica em nutrientes essenciais, dores abdominais persistentes sem causa identificável, emagrecimento, perturbações do sono e manifestações de depressão e/ou ansiedade.

Raramente a disbiose por *Candida albicans* é corretamente diagnosticada, podendo esse quadro arrastar-se por vários anos sem o tratamento eficaz.

As causas podem ser atribuídas a uma série de fatores, mas citemos os mais importantes:

- má alimentação com ingestão elevada de proteína, açúcar, farinhas, frituras e baixo consumo de vegetais e fibras;
- estresse;
- falta de secreções digestivas;
- intoxicação por agrotóxicos e metais pesados;
- uso abusivo de álcool e cigarro;
- uso indiscriminado de antibióticos, anti-inflamatórios, antiácidos e corticoides.

O uso elevado e crescente, indiscriminado e irracional de medicamentos vem se tornando um dos principais inimigos da microbiota intestinal. Por exemplo, os antiácidos consumidos em excesso enfraquecem a acidez estomacal e, consequentemente, permitem que muitos micro-organismos patogênicos cheguem vivos ao intestino, desequilibrando sua flora do bem. O mesmo pode-se falar dos antibióticos, já que eliminam tanto os micro-organismos benéficos como os maléficos.

Osteoporose

A osteoporose é uma doença que causa o enfraquecimento progressivo dos ossos, pela perda de cálcio e massa óssea. Surge com o avançar da idade e pode provocar fraturas. Traumatismos leves podem ocorrer com uma pequena queda ou quando a pessoa se apoia na janela, tosse ou carrega objetos mais pesados.

As causas podem ser atribuídas a uma série de fatores, mas citemos as mais importantes:

- sedentarismo ou exercícios em excesso ou inadequados;
- história familiar de osteoporose;
- dieta pobre em cálcio (falta de verduras, frutas, raízes e sementes);

- baixa exposição ao sol;
- uso exagerado de álcool, café e fumo;
- uso crônico de alguns medicamentos, como antiácidos, corticoides, anticonvulsivantes, lítio, anticoagulantes e diuréticos, que produzem perda de cálcio na urina.

Tratamento da tireoide

O consumo de antiácidos pode dificultar a absorção de outros medicamentos como os que tratam a tireoide. Essas medicações necessitam da acidez gástrica para ser absorvidas. O consumo de antiácido junto com essa medicação prejudica o controle das doenças da tireoide.

Hipertensão e cálculos renais

Diante do excesso de sais de cátions, como sódio e cálcio, existe um mecanismo de defesa do organismo, que é diluir essa concentração salina nos líquidos corporais. Dessa forma, o metabolismo retém água, causando inchaços e hipertensão.

Esse excesso salino também vai ser depositado na bexiga, facilitando a formação de cristais ou cálculos renais. Nomes populares: pedras nos rins, litíase, nefrolitíase. O depósito organizado de sais minerais nos rins ou em qualquer parte do aparelho urinário é o conhecido cálculo urinário.

Cálculos constituídos por cálcio são os mais comuns. Outros minerais encontrados são oxalato, fósforo e ácido úrico. As "pedras" podem também ser formadas por uma mistura desses elementos. Quando houver um excesso desses minerais no organismo, há uma tendência para que eles se depositem na urina. Pode-se tomar como exemplo uma pessoa que faça uso exagerado de leite e derivados, os quais são ricos em cálcio.

A causa exata da formação dos cálculos nem sempre é conhecida. Embora certos alimentos possam promover a formação de cálculos em pessoas que são suscetíveis, os cientistas não acreditam que algum tipo de alimento auxilie na formação de cálculos em pessoas não suscetíveis. Um indivíduo pode ser mais propenso a desenvolver esse problema caso algum familiar já tenha sofrido desse mal.

Infecções urinárias, hipertensão e distúrbios renais estão relacionados à formação de cálculos. A desidratação, comum nos lugares de clima quente, também é um importante fator de risco para a formação de cálculos renais. Outras razões são: gota, excesso de ingestão de vitamina D e obstrução do trato urinário. Certos diuréticos (normalmente usados por hipertensos), antiácidos e outros medicamentos podem aumentar o risco de formação de cálculos, porque aumentam o cálcio na urina.

Agradecimentos

Que todos os anjos fiquem sabendo!

Este livro não existiria não fossem os muitos seres dedicados, espalhados por todo o planeta, que se empenham no estudo dessa admirável fruta, o limão, um exemplar especial da mãe natureza. Diante do desinteresse de tantas indústrias por ferramentas naturais e de fácil acesso a todos, que vitalizam e regeneram a saúde, as pesquisas com plantas são, na maioria, empíricas.

Agradeço a todos os profissionais das diferentes medicinas, principalmente aos integrativos, aos da nutrição e da estética curativa, aos curandeiros, aos xamãs, ao povo indígena e às pessoas leigas do povo, que estudam as diversas áreas de uso e os benefícios do limão. Incansáveis, essas pessoas insistem, porque veem que os resultados se comprovam ao longo de décadas de emprego prático. Os efeitos do seu uso acontecem no seu cotidiano, mas também quando trabalham com comunidades carentes, isoladas no mapa, às quais os médicos e os sistemas de saúde não chegam.

Todos eles praticam um serviço social comunitário mais independente da indústria farmacêutica, que investe na doença, e não na saúde, e que não tem o menor interesse em colocar em evidência os valores terapêuticos de algo que seja barato e acessível a todos, da mesma maneira que as ervas, as plantas e as frutas nativas, espontâneas na natureza na maioria das vezes.

Esta, portanto, é uma obra que concentra ensinamentos e conceitos para esclarecimentos que vão ajudar na conquista do bem de todos os que desejam a saúde preventiva – a ecomedicina em sincronicidade com a bioeconomia – e uma aproximação com as forças da natureza e com a cura verdadeira.

Referências

Para mais informações sobre os assuntos tratados neste livro e outros relacionados à alimentação crua e viva e à vida saudável, consulte o site da autora, Doce Limão (http://www.docelimao.com.br).

Abacates do Brasil, Associação. Mercado Frutas no Brasil. 2020. Disponível em: https://abacatesdobrasil.org.br/mercado/. Último acesso em: outubro 2020.

ALOISI, Anna Maria; et al. Efeitos do óleo essencial de limão cítrico em ratos machos e fêmeas expostos a um estímulo doloroso persistente. Departamento de Fisiologia, Universidade de Siena, Itália. PUBMED 2002. Disponível em: https://pubmed.ncbi.nlm.nih.gov/12385797/#affiliation-1. Último acesso em: outubro 2020.

American Chemical Society. Cascas de laranja e tangerina podem ser melhores do que medicamentos para reduzir o colesterol. *Science Daily*, maio 2004. Disponível em: www.sciencedaily.com/releases/2004/05/040512041238.htm. Último acesso em: outubro 2020.

ANGLADA, Vicente Beltran. *Os mistérios de Shamballa*. Trad. Wania San-taiga Lourenço. São Paulo: Aquariana, 1991.

AROMATHERAPY, HISTORY. International federation of Aromaterapist. Disponível em: https://ifaroma.org/en_GB/home/explore_aromatherapy/about-aromatherapy/history-aromatherapy. Último acesso em: outubro 2020.

BACH, EDWARD DR., Home of and the Bach flower remedy system. Disponível em: https://www.bachcentre.com/en/about-us/history/dr-bach/. Último acesso em: outubro 2020.

BALBACH, Alfons. *As curas maravilhosas do limão e da laranja*. São Paulo: Edições "A edificação do lar", 1984.

BARROS, S. A. *et al*. Efeito do ácido giberélico e do uniconazole na fisiologia pós-colheita do limão "Tahiti" (*Citrus latifolia, Tanaka*). *Revista Brasileira de Fruticultura*, Cruz das Almas, v. 13, n. 3, 1991, p. 223-226.

BARROS, Saulo C. Rego. *A cura pelo limão*. 2.ed. São Paulo: Ícone, 1999.

BIAZZI, Eliza M. S. *Viva natureza*: água, ar, sol, repouso, alegria. Tatuí, SP: Casa Publicadora Brasileira, 1992.

BLANKESPOOR, Juliet. Introduction to Immune Stimulants, Immunomodulators, and Antimicrobials. Chestnut School of Herbal Medicine. Disponível em: https://chestnutherbs.com/blog-herbs-for-the-immune--system/ Último acesso: em outubro 2020.

BOUTENKO, Victoria. *12 passos para o crudivorismo* – Saúde e vitalidade sem alimentos cozidos. São Paulo: Alaúde, 2010.

CAMARGO, Mônica Lacombe. *Saúde & beleza forever*: seu guia contemporâneo de nutrição e higiene. Rio de Janeiro: M. L. Camargo, 2003.

CAMPOS, José Maria. *Receituário de medicamentos sutis*: elaboração e prescrição. São Paulo: Pensamento, 1997.

CARIBÉ, José; CAMPOS, José Maria. *Plantas que ajudam o homem*: guia prático para a época atual. São Paulo: Círculo do Livro, 1944.

CARPER, Jean. *Alimentos, o melhor remédio para a boa saúde*: como os alimentos podem prevenir e curar mais de 100 sintomas e problemas. Trad. Outras Palavras. Rio de Janeiro: Campus, 2003.

CARVALHO, S. A. D. et al. Avanços na propagação dos Citros no Brasil. *Revista Brasileira de Fruticultura*, 41(6), 2019.

CEPEA. *Dia do limão*, 2018. Disponível em: https://www.hfbrasil.org.br/br/citros-cepea-em-uma-semana-pera-se-valoriza-em-mais-de-12.aspx hfbrasil.org.br. Último acesso em: outubro 2020.

CHEN, X. et al. Lemon yellow# 15 a new highly stable, water soluble food colorant from the peel of Citrus limon. *Food chemistry*, 270 (2019), p. 251-256.

CIRILO, Irmão (Vunibaldo Korbes). *Manual de plantas medicinais*. Francisco Beltrão, PR: Assesoar, 1995.

CIRIMINNA, R. et al. *The Case for a Lemon Bioeconomy*. Advanced Sustainable Systems, 2020. Disponível em:: https://onlinelibrary.wiley.com/doi/abs/10.1002/adsu.202000006. Último acesso em: outubro 2020.

CITRUS BR. Disponível em:: www.citrusbr.com. Último acesso em: maio 2020.

CLYPE IN HEALTH. Lemonade Dissolves Kidney Stones. Clipped News. Disponível em: https://clippednews.wordpress.com/2006/06/20/lemon--juice-in-water-stops-kidney-stones/. Último acesso em: outubro 2020.

CROWELL, Pamela L.; et al. Antitumorigenic Effects of Limonene and Perillyl Alcohol Against Pancreatic and Breast Cancer. Dietary Phytochemicals in Cancer Prevention and Treatment p. 131-136. Disponível em:: https://link.springer.com/chapter/10.1007/978-1-4613-0399-2_10. Último acesso em: outubro 2020.

DAGLI, Namrata; DAGLI, Rushabh. Possível uso de óleos essenciais em odontologia. *Journal of International Oral Health*. 2014; 6 (3): i-ii. Disponível em: https://www.ncbi.nlm.nih.gov/pmc/articles/PMC4109163/. Último acesso em: outubro 2020.

ELEGBEDE, J. A.; et al. Inhibition of DMBA-induced mammary cancer by the monoterpene d-limonene. Carcinogenesis, Volume 5, Issue 5, May 1984, p. 661–664. Disponível em:: https://academic.oup.com/carcin/article-abstract/5/5/661/2391731. Último acesso em: outubro 2020.

EMBRAPA. Bioeconomia: a ciência do futuro no presente. Disponível em: https://www.embrapa.br/tema-bioeconomia/sobre-o-tema. Último acesso em: outubro 2020.

EVERTON, G. O. *et al*. Extraction Chemical Characterization and antimicrobial potential essential oil of Tahiti Lemon (*Citrus latifolia, Tanaka*). *Periodic of Chemical*, 15(30), 2018, p. 428-437.

FALCINELLI, B. *et al*. Phenolic Compounds and Antioxidant Activity of Sprouts from Seeds of Citrus Species. *Agriculture*, 10(2), 2020, p. 33.

FENG, J. *et al*. Formulation optimization of D-limonene-loaded nanoemulsions as a natural and efficient biopesticide. *Colloids and Surfaces* A: Physicochemical and Engineering Aspects, 2020, p. 124-146.

FIGUEIREDO, J. O. Variedades copas. In: RODRIGUEZ, O. *et al*. (Ed.). *Citricultura brasileira*. 2.ed. Campinas: Fundação Cargill, 1991. v.1, p. 228-257.

FREI, F. E. The earliest medical texts. *Clio Med*. 1985-1986; 20(1-4):79-90. Disponível em: https://pubmed.ncbi.nlm.nih.gov/2463895/. Último acesso em: outubro 2020.

GAMAGE, J. T. K. H. *et al*. Critical analysis of the status of fruit crop industry in Sri Lanka. In: *IV International Conference on Postharvest and Quality Management of Horticultural Products of Interest for Tropical Regions 1278*, April 2017, p. 261-267.

GIMBEL, Theo. *A energia curativa através das cores*. São Paulo: Pensamento, 1995.

GMITTER, F. G.; SONEJI, J. R.; RAO, M. N. Citrus breeding. In: *Breeding Plantation Tree Crops*: Temperate Species. New York, NY: Springer, 2019, p. 105-134.

GONÇALVES, Neuci da Cunha dr. *O vinagre*. Jundiaí/SP: Gráfica RAMI, sem ano de publicação.

GREGSON, Maureen Lemos. *Maçã equilíbrio e saúde*. São Paulo: Alaúde, 2009.

HERMAN, Anna *et al*. Linalool afeta a eficácia antimicrobiana de óleos essenciais. Disponível em: https://pubmed.ncbi.nlm.nih.gov/26553262/. Último acesso em: outubro 2020.

HIRSCH, Sonia. *Boca feliz e inhame-inhame*. Rio de Janeiro: Corre Cotia, 1997.

HSOUNA, Anis Bem, *et al*. Óleo essencial de limão: composição química, atividade antioxidante e antimicrobiana com seu efeito conservante contra Listeria monocytogenes inoculada em carne bovina picada. 2017. Disponível em: https://link.springer.com/article/10.1186/s12944-017-0487-5. Último acesso em: outubro 2020.

IBGE. Brasileiros comem poucas frutas, verduras e legumes. Pesquisa de Orçamentos Familiares (POF) 2008-2009. Disponível em: http://www.biblioteca.fsp.usp.br/blog/index.php/2011/07/29/pof-2008-2009-brasileiros--comem-poucas/. Último acesso em: outubro 2020.

IBGE. Produção Agrícola Plantada. Brasil, 2018. Disponível em: https://sidra.ibge.gov.br/tabela/5457#resultado. Último acesso em: outubro 2020.

IGIMI, H. *et al.* A useful cholesterol solvent for medical dissolution of gallstones. Gastroenterol Jpn. 1992 Aug; 27(4):536-45. Disponível em: https://pubmed.ncbi.nlm.nih.gov/1526435/. Último acesso em: outubro 2020.

JIANG, Lijing. Alexis Carrel's Immortal Chick Heart Tissue Cultures (1912-1946). *Embryo Project Encyclopedia* (2012-07-03). ISSN: 1940-5030 Disponível em: http://embryo.asu.edu/handle/10776/3937. Último acesso em: outubro 2020.

JOBST, Daniela. Minerais para uma saúde melhor: FÓSFORO. Site: Alopecia Areata Brasil. 2010. Disponível em: https://alopeciaareatabrasil.wordpress.com/2010/09/01/minerais-para-uma-saude-melhor-fosforo/. Último acesso em: outubro 2020.

JOHARI, Harish. *Dhanwantari*. São Paulo: Pensamento, 1998.

JUICEHEDGE: a reputed fruit juice industry practitioner. Disponível em:: www.juicehedge.com/juice/lemon/. Acesso em: maio 2020.

KINUPP, Valdely F.; LORENZI, Harri. *Plantas Alimentícias Não Convencionais (PANC) no Brasil*. Nova Odessa/SP: Plantarum, 2014.

KIECOLT-GLASER, J. K.; GRAHAM, J. E.; MALARKEY, W. B.; PORTER, K.; LEMESHOW, S.; GLASER, R. Influências olfativas no humor e nas funções autonômica, endócrina e imunológica. Psychoneuroendocrinology. Abril 2008; 33 (3): 328-39. doi: 10.1016 / j.psyneuen.2007.11.015. PMID: 18178322. Disponível em https://www.ncbi.nlm.nih.gov/pmc/articles/PMC2278291/. Último acesso em novembro 2020.

KLIMEK-SZCZYKUTOWICZ, M.; SZOPA, A.; EKIERT, H. Citrus limon (Lemon) Phenomenon—A Review of the Chemistry, Pharmacological Properties, Applications in the Modern Pharmaceutical, Food, and Cosmetics Industries, and Biotechnological Studies. Departamento de Botânica Farmacêutica, Universidade Jagiellonian, Cracóvia, Polônia. *Plants*, 9(1), 2020, p. 119. Disponível em: https://www.mdpi.com/2223-7747/9/1/119. Último acesso em: outubro 2020.

KRZYŚKO-ŁUPICKA, T.; SOKÓŁ, S. Evaluation of Fungistatic Activity of Eight Selected Essential Oils on Four Heterogeneous Fusarium Isolates Obtained from Cereal Grains in Southern Poland. *Molecules*, 25(2), 2020, p. 292.

LADANIYA, M. S. Postharvest management of citrus fruit in south Asian countries. *Acta Hortic*, 1065, 2015, p. 1669-1676.

LAZLO, Fábian. Óleos cítricos e exóticos. Aromalandia, Informativo III, Ano 1, 2004. Disponível em: https://document.onl/documents/informativo-aromalandia-marco-2004-este-ano-que-passou-foi-especial-para.html. Último acesso em: outubro 2020.

LIESHOUT, E. M. van; *et al.* Effects of dietary anticarcinogens on rat gastrointestinal glutathione peroxidase activity. *Oncology Report*, Jul-Aug 1998, Volume 5 Issue 4, p. 959-1022. Disponível em: https://www.spandidos-publications.com/or/5/4/959. Último acesso em: outubro 2020.

LORENZI, Harri *et al. Frutas brasileiras e exóticas cultivadas*. Nova Odessa/SP: Plantarum, 2006.

MACHADO, B. F. M. T. *et al*. Óleos essenciais: aspectos gerais e usos em terapias naturais. *Cadernos Acadêmicos*. Disponível em: http://www.

portaldeperiodicos.unisul.br/index.php/Cadernos_Academicos/article/view/718 Último acesso em: outubro 2020.

MARGONARI, Neide. As essências florais e a hierarquia divina. São Paulo: Florais de Saint Ger, 1996.

MATTOS JR, D. et al. Lima ácida Taiti. Campinas, SP: Centro Avançado de Pesquisa Tecnológica do Agronegócio de Citros Sylvio Moreira, 2003.

MILLER, P. A.; THOMPSON, P. A.; HAKIM, I. A. et al. D-Limoneno: um componente alimentar bioativo de citros e evidências de um papel potencial na prevenção e tratamento do câncer de mama. Oncol Rev 5, 31–42 (2011). Disponível em: https://doi.org/10.1007/s12156-010-0066-8. Último acesso em: outubro 2020.

MIYAKE, Y.; et al. Characteristics of antioxidative flavonoid glycosides in lemon fruit. Food Science and Technology International, Tokyo, 4(1), 1998, p. 48-53.

M.J., ELISE. et al. Effects of Dietary Anticarcinogens and Nonsteroidal N42Anti-inflammatory Drugs on Rat Gastrointestinal UDP-Glucuronosyltransferases. Department of Gastroenterology, University Medical Centre St Radboud, Netherlands. Anticancer Research 24: 843-850 (2004). Disponível em: http://ar.iiarjournals.org/content/24/2B/843.full.pdf. Último acesso em: outubro 2020.

MOITINHO, Fábio. O doce negócio do limão. Dinheiro Rural, 5 jul. 2016. Disponível em:: https://www.dinheirorural.com.br/secao/agronegocios/o--doce-negocio-do-limao. Último acesso em: maio 2020.

NAVARRO, L. The Spanish citrus industry. Acta Hortic, 1065, 2015, p. 41--48.

NAKAIZUMI, A.; et al. D-Limonene inhibits N-nitrosobis(2-oxopropyl)amine induced hamster pancreatic carcinogenesis. Cancer Lett. 1997 Jul 15; 117(1):99-103. doi: 1016/s0304-3835(97)00207-3. Disponível em: https://pubmed.ncbi.nlm.nih.gov/9233838/#affiliation-1. Último acesso em: outubro 2020.

OHNO, T. et al. Antimicrobial activity of essential oils against Helicobacter pylori. Third Department of Internal Medicine, Kyoto Prefectural University of Medicine, Kyoto, Japan. 2003. Disponível em: https://europepmc.org/article/med/12752733. Último acesso em: outubro 2020.

PASSOS, O. S. et al. São Francisco River Valley as a New Belt For The Brazilian Citrus Industry. Embrapa, Semiárido-Artigo em periódico indexado (ALICE), 2015.

PASTORINO, María Luisa. A medicina floral de Edward Bach. São Paulo: Clube de Estúdio, 1992.

PENNISTONE, Kristina L.; et al. Lemonade Therapy Increases Urinary Citrate and Urine Volumes in Patients with Recurrent Calcium Oxalate Stone Formation. University of Wisconsin–Madison. Disponível em: https://www.researchgate.net/publication/5924775_Lemonade_Therapy_Increases_Urinary_Citrate_and_Urine_Volumes_in_Patients_with_Recurrent_Calcium_Oxalate_Stone_Formation. Último acesso em: outubro 2020.

PERKINS, Jerome. A cura pelo limão. Trad. Sidonio Marcondes Lins. Porto Alegre: Rígel, 2003.

PIO, Rose Mary et al. CITROS: Variedades Copas. Capítulo 3, 2002, p. 37-60. Disponível em: https://www.passeidireto.com/arquivo/36402847/cap-3-variedades-copas. Último acesso em: outubro 2020.

PIZZORNO, Joseph. Acidose: uma ideia antiga validada por novas pesquisas. IMCJ - Integrative Medicine: a Clinician's Journal. Fevereiro de 2015; 14 (1): 8-12. Disponível em: https://www.ncbi.nlm.nih.gov/pmc/articles/PMC4566456/. Último acesso em: outubro 2020.

PRAKASH, B. et al. Assessment of some essential oils as food preservatives based on antifungal, antiaflatoxin, antioxidant activities and in vivo efficacy in food system. Food Research International, 49(1), 2012, p. 201-208.

QUENTMEIER, A. et al. Reoperação para câncer colorretal recorrente: a importância do diagnóstico precoce para ressecabilidade e sobrevida. European Journal of Surgical Oncology: the Journal of the European Society of Surgical Oncology e da British Association of Surgical Oncology, 1990, 16 (4): 319-325. Disponível em: https://europepmc.org/article/med/2379591. Último acesso em: outubro 2020.

RAHMANI, Z. et al. Optimization of microwave-assisted extraction and structural characterization of pectin from sweet lemon peel. International Journal of Biological Macromolecules, 147, 2020, p. 1.107-1.115.

ROCAMORA, C. R. et al. HPTLC based approach for bioassay-guided evaluation of antidiabetic and neuroprotective effects of eight essential oils of the Lamiaceae family plants. Journal of Pharmaceutical and Biomedical Analysis, 2020, 178: 112909.

RODRIGO, M. J. et al. Biochemical bases and molecular regulation of pigmentation in the peel of Citrus fruit. Scientia Horticulturae, 163, 2013, p. 46-62.

SIMONTON, O. Carl; MATTHEWS-SIMONTON, Stephanie; CREIGHTON, James L. Com a vida de novo: uma abordagem de autoajuda para pacientes com câncer. Trad. Heloisa de Melo M. Costa. São Paulo: Summus, 1987.

SINCLAIR, Walton B.; ENY, Desire M. Estabilidade do sistema tampão do suco de limão. Fisiologia vegetal, Vol. 21, N. 4 (outubro 1946), p. 522--532. American Society of Plant Biologists (ASPB). Disponível em: https://www.jstor.org/stable/4257979. Último acesso em: outubro 2020.

SPETHMANN, Carlos Nascimento. Medicina alternativa de A a Z. Uberlândia, MG: Natureza, 1998.

SUN, Howard; SUN, Dorothy. As cores em sua vida. São Paulo: Madras, 1999.

SUSMAN, Ed. Lemonade, Potassium Citrate Effective in Reducing Kidney Stone Risk. May 26, 2006. Disponível em: https://www.docguide.com/lemonade-potassium-citrate-effective-reducing-kidney-stone-risk-presented--aua. Último acesso em: outubro 2020.

SUZUKI, Yukiko; et al. Caracterização do gama-terpineno sintase de Citrus unshiu (tangerina Satsuma). Biofactors, Volume 21 (2004), Edição 1-4, p. 79-82. Disponível em: https://iubmb.onlinelibrary.wiley.com/doi/abs/10.1002/biof.552210115. Último acesso em: outubro 2020.

SVB (Sociedade Vegetariana Brasileira). Mercado Vegetariano, 2020. Disponível em: https://www.svb.org.br/vegetarianismo1/mercado-vegetariano. Último acesso em: outubro 2020.

TENEVA, Desislava; et al. Composição química, atividade antioxidante e atividade antimicrobiana do óleo essencial de *Citrus aurantium* L raspas contra alguns microrganismos patogênicos. *Zeitschrift für Naturforschung C*, Volume 74 (2018): Edição 5-6. Disponível em: https://www.degruyter.com/view/journals/znc/74/5-6/article-p105.xml. Último acesso em: outubro 2020.

TRIGUEIRINHO. *Hora de curar*: a existência oculta. São Paulo: Pensamento, 2002.

TRUCOM, Conceição. *Alimentação desintoxicante*: para ativar o sistema imunológico. 2.ed. São Paulo: Alaúde, 2009.

_____. *O poder de cura da linhaça* – A importância da linhaça na saúde. 2.ed. São Paulo: Alaúde, 2015.

_____. *De bem com a natureza*: cuidando do seu filho com a alimentação viva. Conceitos, dicas e receitas para crianças de todas as idades. São Paulo: Alaúde, 2012.

_____; GUILLERMO, Fernando. *Sal da vida*: o poder de cura do sal na nutrição e evolução humana. Doce Limão, 2017.

_____. *Cadê o leite que estava aqui?* Receitas e conceitos de leites e laticínios veganos. 2.ed. Doce Limão, 2019.

_____. *Amo abacate*: história, receitas, cosmética e farmácia viva. 2.ed. Doce Limão, 2020.

_____. *Santo Sarraceno*: o superalimento ideal para dietas vitalizantes, regenerativas e sem glúten. 3.ed. Doce Limão, 2020.

_____. *E se não houver alimento?* 3.ed. IRDIN, 2020.

TURRA, C. et al. Overview of the Brazilian citriculture certification. *Journal of Agricultural and Environmental Ethics*, 27(4), 2014, p. 663-679.

UNITED STATES Department of Agriculture, EU 28: Citrus Annual, Report No. E42019-0046. Disponível em: https://www.fas.usda.gov/data/eu-28-citrus-annual-5. Acesso em: maio 2020.

VALCAPELLI. *Cromoterapia*: as cores e suas funções. São Paulo: Roca, 2000.

WEBMD. Lemon Juice: Are There Health Benefits? Disponível em: https://www.webmd.com/diet/lemon-juice-health-benefits#1. Último acesso em: outubro 2020.

WEBMD. Lemonade Vs. Kidney Stones. CBS News, May 2006. Disponível em: https://www.cbsnews.com/news/lemonade-vs-kidney-stones/. Último acesso em: outubro 2020.

YAZICI, K. et al. Diversity of citrus germplasm in the Black Sea Region in Turkey. In: *III International Symposium on Horticulture in Europe-SHE2016*, 1242, October 2016, p. 499-504.

ZHANG, W. et al. Tracing the production area of citrus fruits using aroma-active compounds and their quality evaluation models. *Journal of the Science of Food and Agriculture*, 100(2), 2020, p. 517-526.

**Acreditamos
nos livros**

Este livro foi composto em Electra LT Std e
impresso pela Gráfica Santa Marta para a
Editora Planeta do Brasil em janeiro de 2021.